Erich Eßlinger
Hartmut Rupp

Der Mensch auf der Suche nach dem wahren Menschsein

Oberstufe Religion

Herausgegeben von Eckhart Marggraf und Eberhard Röhm

Materialheft 6

Calwer Verlag Stuttgart

Inhalt

1. Du sollst dir kein Bildnis machen (Max Frisch) 3

Spiegelbilder im Alltag

2. Wer bin ich? – Begegnungen mit mir 5
   (Die Geschichte vom Daumenlutscher / Ich will leben, ich will frei sein / Leider nur ein Vakuum / Werbung / Leistungssport)

3. Ich bin ein drop-out (Brief eines 21jährigen Studenten an seine Eltern) 8

4. Der Mensch als Personal – als Patient – als Kraftakt.... 10

Der Mensch, der sich selbst definiert

5. Der Mensch im Spiegel seiner selbst – Selbstporträts (A. Dürer / V. van Gogh) 12

6. Prometheus oder Sisyphos? (J. W. v. Goethe / Franz von Stuck) 14

7. Weder Tier – noch Gott 15

8. Von Natur aus böse (Thomas Hobbes) oder von Natur aus gut (Jean Jacques Rousseau)? 16

9. Menschliche Selbstdefinitionen im Wandel: Drei Kränkungen der menschlichen Eigenliebe (Sigmund Freud) 18

10. Das Bild des Menschen im Wandel der abendländischen Kunst 19

11. Der Mensch – sich selbst ein Rätsel: Herr gib mir ein hörendes Herz (H. E. Tödt) 24

Der wahre Mensch – Die Antwort Gottes

12. Geschaffen und beauftragt (Gen 1, 26–31a; Auslegung: C. Westermann) 25

13. Begrenzt und Grenzen überschreitend (C. Westermann / Erw. Katechismus) 27

14. Verloren und doch angenommen: Der Vater und seine zwei Söhne (Lukas 15); Jesus und Zachäus (Lukas 19) 28

15. Schwach und doch stark (2 Kor 4, 7–18) / Betrachtungen zu Karfreitag (Günter Altner) / Passion (O. Pankok) 31

16. Frei und doch gebunden – gebunden und doch frei: Von der Freiheit eines Christenmenschen (Martin Luther) 34

    Was bleibt von der Rechtfertigungslehre im täglichen Leben? Leistung frei vom Zwang (Günter Brakelmann) 37

17. Von Gott berufen, verantwortlich für die Welt: Im Bauch des Fisches (Gerhard Liedke), Die Verantwortung für die Schöpfung (Heinz Eduard Tödt) 40

    Ökumenische Initiative eine Welt 43

18. Menschenwürde und Menschenrecht im Horizont des christlichen Glaubens (Heinz Eduard Tödt) 44

    Aus der Erklärung des Lutherischen Weltbundes in Dar es Salaam 1977

    Leben im Rollstuhl (Fredi Saal)

    Lebensregeln für ältere Menschen im Verhältnis zu jüngeren (Karl Barth an Carl Zuckmeyer)

Das Bild vom Menschen in Humanwissenschaften und Philosophie

19. Vor der Entscheidung – Die Stufe des Lebens zwischen 21 und 30 (Tobias Brocher) 48

20. Angst (Fritz Riemann) 51

21. Der Mensch ist der Affe, der spricht (Ilse Schwidetzki) 54

22. Der Mensch als sein eigenes Abbild (Albrecht Fölsing) 56

23. Der Mensch, der sich selbst erzeugt (Karl Marx / Ernest Mandel) 57

24. Ich lehre euch den Übermenschen (Friedrich Nietzsche) 60

25. Der Mensch – das Mängelwesen (Arnold Gehlen) ... 62

Der Mensch, der betet

26. Das Vater Unser / Der Gläubige (E. Barlach) 63

ISBN 3-7668-0669-6
7., unveränderte Auflage 1990

© 1981 by Calwer Verlag Stuttgart. Alle Rechte vorbehalten. Die Vervielfältigung auch einzelner Teile, Texte oder Bilder – mi Ausnahme der in §§ 53, 54 UrhG ausdrücklich genannten Son derfälle – gestattet das Urheberrecht nur, wenn sie mit dem in de Quellenangabe genannten Verlag bzw. Rechtsinhaber vorhe vereinbart wurde.

Graphische Gestaltung: Peter Keidel, Stuttgart
Gesamtherstellung: Offizin Chr. Scheufele, Stuttgart

Der Calwer Verlag ist Mitglied
im Verlagsring Religionsunterricht (VRU)

1 Du sollst dir kein Bildnis machen

Es ist bemerkenswert, daß wir gerade von dem Menschen, den wir lieben, am mindesten aussagen können, wie er sei. Wir lieben ihn einfach. Eben darin besteht ja die Liebe, das Wunderbare an der Liebe, daß sie uns in der Schwebe des Lebendigen hält, in der Bereitschaft, einem Menschen zu folgen in allen seinen möglichen Entfaltungen. Wir wissen, daß jeder Mensch, wenn man ihn liebt, sich wie verwandelt fühlt, wie entfaltet, und daß auch dem Liebenden sich alles entfaltet, das Nächste, das lange Bekannte. Vieles sieht er wie zum ersten Male. Die Liebe befreit es aus jeglichem Bildnis. Das ist das Erregende, das Abenteuerliche, das eigentlich Spannende, daß wir mit den Menschen, die wir lieben, nicht fertigwerden: weil wir sie lieben; solang wir sie lieben. Man höre bloß die Dichter, wenn sie lieben; sie tappen nach Vergleichen, als wären sie betrunken, sie greifen nach allen Dingen im All, nach Blumen und Tieren, nach Wolken, nach Sternen und Meeren. Warum? So wie das All, wie Gottes unerschöpfliche Geräumigkeit, schrankenlos, alles Möglichen voll, aller Geheimnisse voll, unfaßbar ist der Mensch, den man liebt –
Nur die Liebe erträgt ihn so.
Warum reisen wir?
Auch dies, damit wir Menschen begegnen, die nicht meinen, daß sie uns kennen ein für allemal; damit wir noch einmal erfahren, was uns in diesem Leben möglich sei –
Es ist ohnehin schon wenig genug.
Unsere Meinung, daß wir das andere kennen, ist das Ende der Liebe, jedesmal, aber Ursache und Wirkung liegen vielleicht anders, als wir anzunehmen versucht sind – nicht weil wir das andere kennen, geht unsere Liebe zu Ende, sondern umgekehrt: weil unsere Liebe zu Ende geht, weil ihre Kraft sich erschöpft hat, darum ist der Mensch fertig für uns. Er muß es sein. Wir können nicht mehr! Wir kündigen ihm die Bereitschaft, auf weitere Verwandlungen einzugehen. Wir verweigern ihm den Anspruch alles Lebendigen, das unfaßbar bleibt, und zugleich sind wir verwundert und enttäuscht, daß unser Verhältnis nicht mehr lebendig sei.
»Du bist nicht«, sagt der Enttäuschte oder die Enttäuschte: »wofür ich dich gehalten habe.«
Und wofür hat man sich denn gehalten?
Für ein Geheimnis, das der Mensch ja immerhin ist, ein erregendes Rätsel, das auszuhalten wir müde geworden sind. Man macht sich ein Bildnis. Das ist das Lieblose, der Verrat.

Max Frisch, Tagebuch 1946–1949,
Suhrkamp Verlag, Frankfurt a. M. 1950, 26 f.

Spiegelbilder im Alltag

2 Wer bin ich? – Begegnung mit mir

Ich will leben, ich will frei sein.

Ich fahre weg für ein paar Tage
Will die Gesichter nicht mehr sehn
Ich kann das Heucheln nicht ertragen
Und kann Lügen nicht verstehn

Ich mag nun nicht mehr unter euch sein
Ich habe euren Fleiß durchschaut
Es muß ein Kranker oder Narr sein
Der diesen Lügen heut noch traut

Ich will leben, ich will frei sein
Frei sein wie der Wind

Ich laß die vielen klugen Worte
Die leeren Phrasen laß ich auch
Und sauge tief für ein paar Tage
Ein bißchen Leben in mich auf

Nun will ich raus unter die Bäume
Ein Rest von Mut der nie erlahmt
Ich lebe auf im Sog der Träume
Da sonst die Fantasie verarmt

Ich will leben, ich will frei sein
Frei sein wie der Wind

Ich mag im Alltag nicht verlieren
Das kleine Häufchen Illusion
Und gehe mit mir selbst spazieren
Sehe meine Freiheit als mein Lohn

So lasse ich mich langsam treiben
Bin ohne Richtung ohne Ziel
Und lern mein Leben begreifen
Als riesengroßes schönes Spiel

Ich will leben, ich will frei sein
Frei sein wie der Wind

Karin und Dieter Huthmacher,
Huthmacher Lieder, Doppelfant 1031

Leistungskraft durch ein gesundes Herz

Unternehmungslust und gute Laune sind heutzutage keine Frage des Alters. Wer seinen Körper fithalten und mithalten will, der muß für Ausgleich und Entspannung sorgen, der sollte Herz und Nerven stärken. Denn starke Nerven und ein ruhiges Herz sind die Voraussetzung für wohlige Entspannung und Einschlafbereitschaft. Was aber, wenn Sie nicht mehr richtig entspannen können...?

Dann brauchen Sie die wertvollen Heilpflanzen im reinen _____. Zur Beruhigung von Herz und Nerven, um den Kreislauf zu stärken und die Organfunktion zu stabilisieren. Das alles bewirkt nämlich dieses bewährte Naturheilmittel in einem. _____ entspannt, ohne zu betäuben, kräftigt, ohne aufzuputschen und ist vor allem so beruhigend natürlich!

Ruhrgebiet

Wenn Sie Ihre Schwächen und damit sich selbst und andere akzeptieren können, sind Sie für mich ein interessanter Partner! Ich bin Lehrerin, 28/1,75, attraktiv, selbständig, aber anlehnungsbedürftig und wünsche mir eine Beziehung, die sowohl Auseinandersetzung als auch Geborgenheit bietet. Bildzuschriften an

Ein interessantes, lohnendes Leben!

Eine lebendige Beziehung entwickeln und mit Klugheit und Verantwortung leben: miteinander reden u. schweigen, lachen u. weinen, zärtlich u. zornig sein, beten u. spielen, staunen u. zweifeln, offen sein u. lernen, Musik hören u. machen, träumen u. sich engagieren, Kinder (lieb)haben u. für andere da sein, eigene u. fremde Wege gehen und alt werden. Wenn Du das auch möchtest, sollten wir uns dann nicht kennenlernen? – Ich (in Stgt.) 40/1,78/78, Ing., in kreat. Pos., sportl. Typ, gesch., ev., durch Erfahrung reifer, glücklicher und »jünger« geworden, und Du, nicht über 37 J., schlank, warmherzig, musisch, sensibel und... ich freu' mich auf Deine Antwort.

aus: DIE ZEIT, Nr. 50, 7. Dezember 1979

Die Geschichte vom Daumenlutscher

»Konrad!« sprach die Frau Mama,
»ich geh' aus und du bleibst da.
Sei hübsch ordentlich und fromm,
bis nach Haus ich wieder komm'.
Und vor allem, Konrad hör!
Lutsche nicht am Daumen mehr;
denn der Schneider mit der Scher'
kommt sonst ganz geschwind daher,
und die Daumen schneidet er
ab, als ob Papier es wär'.«

Fort geht nun die Mutter und –
wupp! – den Daumen in den Mund.

Bauz! Da geht die Türe auf,
und herein in schnellem Lauf
springt der Schneider in die Stub'
zu dem Daumen-Lutscher-Bub.
Weh! Jetzt geht es klipp und klapp
mit der Scher' die Daumen ab,
mit der großen, scharfen Scher'!
Hei! Da schreit der Konrad sehr.

Als die Mutter kommt nach Haus,
sieht der Konrad traurig aus.
Ohne Daumen steht er dort,
die sind alle beide fort.

Heinrich Hoffmann, Der Struwwelpeter
oder Lustige Geschichten und drollige Bilder

Leider nur ein Vakuum

Freitagsabends steckt er sich 100 Mark und 'ne Zahnbürste ein
Er zieht sich die schnellen Stiefel an
Das ist ein gutes Gefühl, frei zu sein
Bis Montagmorgen rennt er rum
Zwischendurch kommt er nicht mehr nach Haus
Er sieht sich auf der Szene um
Und nachts probiert er fremde Betten aus

Normalerweise läuft das sehr gut
Doch manchmal gibt es auch 'ne Pleite
Dann wacht er morgens auf und Lady Horror liegt an seiner Seite
Ihr Make-Up ist verschmiert
Die Sonne scheint ihr brutal in's Gesicht
Und daß ihm sowas immer noch passiert
Das liegt am Suff und am dunklen Kneipenlicht

Er geht in die Madman-Discothek
Da soll die große Action sein
Da sind zwar jede Menge Leute
Doch er fühlt sich trotzdem sehr allein
Die Musik ist laut und die Leute sind stumm
Die hängen da rum und manche gucken sehr dumm
als hätten sie in ihren schönen Köpfen leider nur ein Vakuum

Udo Lindenberg, Ball Pompös,
Beboton-Verlag GmbH., Hamburg

Schlüssel zum Menschen

Überall im Alltag begegne ich sehr unterschiedlichen Bildern vom Menschen – in der Reklame, im Schlager, im Sport, ja selbst im Bilderbuch oder in der Heiratsanzeige. Jedesmal werde ich in anderer Weise gespiegelt. Die folgenden Fragen sollen helfen, das jeweils zugrundeliegende Verständnis vom Menschen zu entdecken; sie sind zugleich ein »Schlüssel« für einen methodischen Zugang zu den anthropologischen Aussagen der weiteren Texte und Bilder dieses Heftes:

Welche Aspekte des Menschseins erscheinen als besonders wichtig, welche werden ausgeblendet?

Die Frage nach der Perspektive auf den Menschen

Wozu wird der Mensch bestimmt?

Die Frage nach der Verfassung und Befindlichkeit des Menschen

Auf welche Anlagen, Bedürfnisse, Hoffnungen und Ängste wird abgehoben?

Die Frage nach Ziel und Zweck der Darstellung des Menschen

Was soll der Mensch tun, was soll er unterlassen?

Die Frage nach dem Verhalten des Menschen

Wann ist der Mensch wirklich Mensch, wann kann ihm das Leben gelingen?

Die Frage nach dem wahren Menschsein

3 Ich bin ein drop-out

Brief eines 21jährigen Studenten an seine Eltern

Es gibt einen Grund dafür, warum ich Euch in letzter Zeit so oft wie möglich aus dem Weg gegangen bin: Ich wollte so wenig wie möglich lügen. Lügen mußte ich, weil ich noch nicht darauf vorbereitet war, Euch zu sagen: Seit Anfang Dezember studiere ich nicht mehr. Der Gedanke dazu kam schon zu Beginn dieses Semesters auf, ich habe damals schon wörtlich nach einer Vorlesung gesagt: »Ich kann nicht mehr.«

Die Gründe für diesen Entschluß sind folgende: Das Ganze hat mich schließlich so wenig interessiert, es hat mich regelrecht angekotzt. Es ist nicht so, daß ich zu diesem Studium zu doof bin, ich hätte durchaus noch »durchstarten« können und es vielleicht auch noch die zwei Jahre »durchgehalten«, im Sinne des Wortes, aber nur, um mir oder Euch irgend etwas zu beweisen. Aber ich hätte mich gequält und wäre daran kaputtgegangen. Und das ist nicht der Sinn der Sache. Hinzu kommt, daß ich in diesem Studium wie in jedem Studium absolut keine Zukunft für mich sehe, ich könnte nicht in diesem Beruf und in dieser Stadt die nächsten vierzig bis fünfzig Jahre zubringen. Das rührt daher, daß ich generell in dieser Umwelt keine Zukunft für mich und auch für die anderen Menschen sehe. Ich bin zum »drop-out« geworden, aus der Gesellschaft »ausgeflippt«.

Es war mir unmöglich, mit Euch darüber zu sprechen, der Unterschied zwischen uns ist einfach zu groß geworden, als daß ich mich Euch hätte erklären können. Zumal ich weiß, wie sehr Ihr Eure Hoffnungen in mich und das Studium gesetzt habt. Deshalb packe ich das auch nicht, Euch dieses hier persönlich zu sagen. Ich hätte dagestanden wie ein kleiner Schuljunge: Natürlich kenne ich Eure Argumente, es waren schließlich auch einmal meine. Aber wenn Ihr mir diese Argumente nun vorgehalten hättet, so hätte ich darauf nichts antworten können, denn ich weiß, daß diese Argumente aus Eurer Sicht und der Sicht der Allgemeinheit richtig sind. Aber ich kann mich leider noch nicht damit direkt auseinandersetzen.

Ebenso leid tut mir, daß Ihr in mein bisheriges Studium eine Menge Geld gesteckt habt. Aber gerade der Respekt vor dieser Tatsache ist ein Grund dafür, warum ich's überhaupt so lange ausgehalten habe.

Diesen Monat habe ich verbracht, ohne Konkretes zu tun, außer dem Schreiben der folgenden Seiten. Ansonsten habe ich frei von jeglichen Zwängen gelebt, ohne Uhr, ohne Verpflichtungen; habe gegessen, wenn ich Hunger hatte, geschlafen, wenn ich müde war, bin aufgestanden, wenn ich aufstehen wollte, und habe die Abende mit meinen Freunden verbracht: Ich habe gelebt.

Natürlich kann es so nicht weitergehen, und Ihr werdet Euch nach meiner Zukunft fragen: Im Februar werde ich für einige Zeit nach Christiania verreisen. Danach werde ich hier meine Wohnung aufgeben und Hamburg – wahrscheinlich für immer – verlassen (aber nicht, weil ich so naiv bin und glaube, anderswo hätte ich's leichter). Von da an werde ich mit dem Fahrrad durch Deutschland und Südeuropa ziehen, in Landkommunen leben und hart arbeiten. Ich breche mit dieser Gesellschaft zu einem Zeitpunkt, wo es mir noch möglich ist und ich mich noch nicht irgendwelchen Sachzwängen unterworfen habe.

Keinem Guru verfallen

Dieser Entschluß ist einzig und allein mein Entschluß. Selbst die wenigsten meiner Freunde können ihn verstehen. Ich bin auch nicht irgendeinem Guru verfallen, sondern möchte die fünfzig Jahre, die vielleicht noch vor mir liegen, selber gestalten, nach meinen Wünschen und wahren Bedürfnissen.

Versucht bitte nicht, mich irgendwie zu beeinflussen, mein Entschluß steht unverrückbar fest. Haltet mich auch bitte nicht für verrückt, denn ich bin recht froh über meine Entscheidung. Ich kann nicht erwarten, daß Ihr mich versteht, aber vielleicht helfen Euch die folgenden Seiten.

P.S.: Ich weiß, Ihr habt's nur gut gemeint.

Arbeit: das offensichtlichste Beispiel für die Entfremdung des Menschen vom eigentlichen Mensch-sein. Die Erniedrigung: der Mensch als austauschbare Nummer mit einer bestimmten Funktion. In beiden Fällen entfremdet, mit dem eigentlichen Mensch-sein nichts mehr gemein. Die Perversität des Sich-Verkaufens: Ich empfinde es als widerlich, daß ein Mensch einen anderen kauft und dieser dann Dinge verrichten muß, an denen er persönlich kein primäres Interesse hat, und die ihm selber nichts bringen. Ich könnte nie (ich könnte schon – will aber nicht) ein normales »Beschäftigungsverhältnis« eingehen. Man verkauft sich, seinen Leib, seine Zeit – sein Leben. Sklaverei. Irgendwie arbeiten muß ich, aber ich möchte mir meine Arbeit dann selber wählen: Ich möchte nur eine gesunde, nichtentfremdete und sinnvolle Arbeit verrichten und dabei weder andere an mir verdienen lassen noch an anderen verdienen.

Daß das Monster »Profit« uns allumfassend und skrupellos regiert und dabei mit der Legitimation des »Fortschritts« – letztlich auch nur Profit – über Leichen geht, wissen wir ja alle schon längst. Bestes Beispiel: AKW-Bau, durch Konzerne wie BBC, AEG, Siemens oder HEW. – Gesetzlich sanktioniert geben Dow Chemical und BASF täglich Gift in Tonnen-Dosen an die Umwelt ab.

Ich verweigere mich jeglicher Mitarbeit (=Teilschuld) in Industrie, Wirtschaft oder Forschung«. Ich möchte nicht ein – auch noch so kleines – Zahnrad im Getriebe sein, das letztlich doch BASF und AEG antreibt. (Selbst so ein Abseits-Beruf wie Lehrer käme für mich nicht in Frage, denn Schulen und Universitäten sind dafür da, den Unternehmen Menschenmaterial (Leeware) mundgerecht zu servieren.)

Desgleichen verweigere ich mich jeder mir zugedachten Rolle in dem herrschenden Wirtschaftsgefüge. Momentan schränke ich jeden Konsum auf ein Mindestmaß zurück und versuche, meine eigentlichen Bedürfnisse wiederzufinden. Im weiteren wird mein Ziel ein möglichst großes Maß an Autarkie sein, selbst für den Preis der Schwerstarbeit.

Technik an sich ist nichts Schlimmes, es wird nur Schlimmes mit ihr gemacht. Ich werde mich in Zukunft auf ein Mindestmaß an Technik beschränken, nur auf Dinge, die ich verstehen und selber reparieren kann. Es hat mich schon immer das Selbstverständnis gestört, daß man den Hahn aufdreht und da fließt einfach Wasser aus der Wand, die Klospülung zieht und die Scheiße ist »weg«, einen Schalter betätigt und anderswo geht das Licht an, im Auto auf ein Pedal drückt und man fährt schneller.

Ist das Freiheit: die Wahl zwischen Verkäuferin bei Karstadt oder bei Aldi? Am Fließband bei VW oder bei Opel? Als »leitender Mensch« bei Siemens oder bei IBM? Freiheit die SIE meinen (wer das auch immer sein mag). Die Freiheit, darüber zu entscheiden, ob man den Tag mit Sanella oder der guten Rama beginnt.

»Unsere Gesellschaft« bietet mir nur ausgetretene 08/15-Pfade und läßt mir die »Freiheit«, einen davon zu wählen. Ich will – und kann – aber kein vorprogrammiertes Leben mit Achtstundentag, Lebensversicherung, Beförderung und Rente führen, sondern will mein Leben erleben. Leben ist so was Tolles, ich will letztlich was davon gehabt haben, wenn's aus ist, wer hat das heute noch? Leben nach Feierabend? Nein danke!

Eine globale Analyse »unserer Gesellschaft« spare ich mir, das würde mich etwas überfordern, und das haben andere schon sehr schön gebracht.

Mir wurde wiederholt die Frage gestellt, warum ich nicht jetzt und hier Alternativen entwickle oder schon entwickelt habe. Dazu: Die wirklichen Alternativen hier in der Stadt sind ziemlich klein, ich halte sie nicht für echte Alternativen.

Und letztlich fühle ich mich noch nicht stark genug, jetzt Alternativen durchzusetzen. Ich erwarte von meinem Trip in Landkommunen mit therapeutischem Sektor konkrete Veränderungen dahingehend, meinen recht hohen Anforderungen an mich selbst (der Ideal-Micha) langsam gerecht zu werden. Das hat so was mit dem Motto: »Die Revolution fängt in dir selber an« zu tun. Ich will auf meiner »Wanderschaft« mich als Teil der Natur erleben, den ganzen Müll ablegen, den ich durch meine »Erziehung« und 21 Jahre verklemmten Großstadtdaseins angesammelt habe, dadurch mich selbst erfahren, dann andere Leute, und wie man mit denen zusammenlebt (zusammen lebt) und gemeinsam nach neuen Formen des Lebens suchen.

Ganz nach Lust und Laune

Jetzt bin ich jung, stecke voller Ideale und »merke« noch einiges. Ich will nicht später durch das Schließen fauler Kompromisse irgendwie der Bequemlichkeit des Status quo erliegen und meine jetzigen Ideale verraten. Über dieses Thema unterhielt ich mich neulich mit meinem Vater, er meinte, daß ich in meinem Alter nie »nie« sagen solle, später würde ich anders denken.

Daraufhin versuchte ich ihn auszufragen, ob diese Meinungsänderung auf einen natürlichen Vorgang zurückzuführen sei, daß man ab 30 oder so nichts mehr »merkt«, oder ob das nicht vielmehr durch einen Prozeß der Anpassung und Abstumpfung (nicht Gewöhnung, sondern Abstumpfung!) herrühre. Letzteres gab mein Vater zu.

Meine Alternative: Nach einer Zeit des lustbetonten Lebens ohne Produktivität (außer der des Schreibens), man kann's auch »gammeln« nennen, werde ich erstmal mit der Helga gen Christiania trampen und dort etwas verweilen. Nicht, weil's da oben so toll ist, sondern damit die Helga und ich uns büschen besser kennenlernen, und damit bei ihr eine (schwere) Entscheidung fällt, ob sie genau wie ich den Scheiß hier sein läßt und auch danach zusammen mit mir auf meinen/unseren Alternativ-Trip kommt. Dieser Trip sieht in meiner Vorstellung so aus, daß ich jetzt einige Landkommunen anschreibe, diese dann mit dem Fahrrad besuche, dort, ganz nach Lust und Laune, einige Tage bis einige Wochen auf der Basis Arbeitskraft gegen Kost und Logis lebe. Ich habe vor, mich auf diese Weise so langsam bis nach Österreich/Schweiz vorzuarbeiten, vielleicht auch bis nach Sizilien oder Südfrankreich, wo es sehr schöne Projekte gibt. Ich will sehen, was die Leute machen, was so läuft, was nicht, will sehen, was so von meinen konkreten Ideen sich verwirklichen läßt und wie.

Sicher, meine Alternative ist keine Alternative für das Gros der Menschen. Ich habe auch inzwischen den Modellcharakter und den politischen Anspruch meines Vorhabens fast ganz zurückgeschraubt.

Es tut mir leid, hier den Scheiß so zu lassen, es anderen Leuten zu überlassen, Anti-AKW- oder Anti-Fa-Arbeit zu machen; in der Hoffnung, daß die es packen und es keine Mode wird abzuhauen. Denn wenn mehr Leute »sich der Verantwortung entziehen« und »vor den gegebenen Verhältnissen fliehen«, dann kommt's hier sehr schnell zur Katastrophe, die ich dann als einer der ersten spüren werde. Aber es kommt so oder so zur Katastrophe. Ich mag da zu schwarz sehen, vielleicht ist meine Frustrationstoleranz zu gering. Ich habe jedenfalls keine Lust, hier Märtyrer zu spielen und zu versuchen, mit einen Karren aus dem Dreck zu ziehen, der schon bis über die Achsen im Schlamm steckt.

Sicher ist das auch eine gehörige Portion Egoismus; aber vor mir liegen fünfzig Jahre Leben. Mein einziges.

DIE ZEIT, Nr. 30, 20. Juli 1979, 47

4 Der Mensch als »Personal« – als Patient – als Kraftakt...

Personalbeurteilungsbögen dienen großen Firmen immer mehr zur effektiven Organisation und Kontrolle eines Betriebes, der optimalen Ausnutzung von »Leistungsreserven« und der Ausschaltung von »Störfaktoren«. Der vorliegende Personalbeurteilungsbogen gilt für Angestellte der deutschen Niederlassung eines internationalen Erdölkonzerns.

Stellen Sie sich vor, Sie wären in diesem Betrieb beschäftigt und wollten »weiterkommen«:

☐ Wie müßten Sie auftreten?
☐ Welche Leistungen hätten Sie zu erbringen?

Oder versetzen Sie sich in die Rolle dessen, der eine solche »Beurteilung« abzugeben hätte:

☐ Welche Fähigkeiten würde man von Ihnen erwarten?
☐ Welches Bild vom Menschen hätten Sie vor Augen?

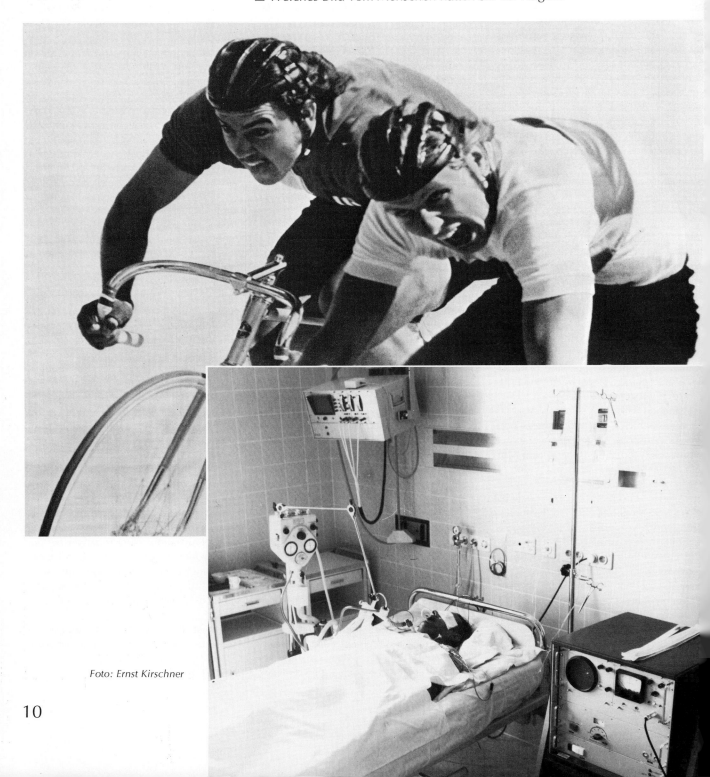

Foto: Ernst Kirschner

Beurteilungsbogen für Angestellte

Die Abschnitte A, B und C bewerten Leistung und Verhalten, bezogen auf die derzeitige Position.

A. Leistungen

11	Arbeitsqualität
12	Arbeitsquantität
13	Verantwortungsbewußtsein und Zuverlässigkeit
14	Verwirklichung gesetzter Ziele

15	Kostendenken
16	Geschick und Erfolg bei Verhandlungen
17	Gedächtnis
18	Anleitung und Führung von Mitarbeitern*

B. Kenntnisse

21	Eigenes Arbeitsgebiet (Methoden, Produkte, Anlagen)
22	Angrenzende Arbeitsgebiete
23	Verständnis für betriebliche Zusammenhänge

24	Aufgeschlossenheit für neue Entwicklungen und Möglichkeiten
25	Englische Sprache**
26	

C. Persönlichkeit

31	Energie und Initiative
32	Ausgeglichenheit und Beständigkeit
33	Sicherheit im Urteil
34	Konstruktive Ideen
35	Bereitschaft zum Teamwork
36	Kontaktfähigkeit

37	Verhalten gegenüber Vorgesetzten
38	Verhalten gegenüber Nachgeordneten
39	Streben nach Selbstentwicklung und Aufstieg
40	Bereitschaft, Fehler zuzugeben und abzulegen
41	Äußere Erscheinung
42	Auftreten und Umgangsformen

D. Einsatzbreite (Zutreffendes mit X versehen)

51	ist in der jetzigen Position überfordert
52	wird seinen Leistungsstand halten, aber nicht erhöhen
53	besitzt die Voraussetzungen, seine Leistungen in der derzeitigen Position zu vervollkommnen. Er kann wahrscheinlich nicht über diese Position hinauswachsen.
54	kann in benachbarten Arbeitsbereichen sofort eingesetzt werden.
55	strebt nach neuen und erweiterten Aufgaben und wächst mit jeder dieser Aufgaben

* Nur für Vorgesetzte
** Andere Sprachkenntnisse von Bedeutung erwähnen

E. Zusammenfassende Bewertung
(nach den Abschnitten A–D)
Statt allgemeiner Formulierungen sind konkrete Angaben über die Stärken und Schwächen des Mitarbeiters erwünscht. Neben der Beurteilung der Leistungen und Kenntnisse in der derzeitigen Position sind die Persönlichkeitswerte und Hinweise auf schon erkennbare Fähigkeiten wichtig.

_____

_____

Die folgende Bewertung (a–e) soll ein Gesamtbild des Beurteilten geben. Sie kann nicht das »arithmetische Mittel« der »Merkmale« sein, da sie das unterschiedliche Gewicht der Faktoren berücksichtigen muß.

60	

F. Entwicklungsfähigkeit (Zutreffendes mit X versehen)

71	ist an der Grenze seiner Leistungsfähigkeit
72	ist »Spezialist«, in seinem Bereich jedoch entwicklungsfähig
73	ist für die nächsthöhere Position geeignet
74	kann zu wichtigen und vielseitigen Verantwortungsbereichen aufsteigen

Vorschläge hinsichtlich Ausbildung, Einsatz usw. _____

_____

G. Eine Beurteilung ohne Besprechung mit dem Mitarbeiter erfüllt ihren Zweck nicht.
(Sagen Sie ihm, wie weit Sie mit ihm zufrieden sind und was Sie verbessert sehen möchten! Erteilen sie ein Lob, wenn verdient, ermutigen Sie ihn, wenn nötig! Klären Sie die Gründe für Schwierigkeiten!)

Die Aussprache mit dem Beurteilten fand am _____ statt und ergab u. a.

Welche seiner Fähigkeiten hält er für die stärkste? _____

Wo sieht er eigene Schwächen? _____

Was erwartet er von der Gesellschaft? _____

Welche Position möchte er erreichen / welche Tätigkeit ausüben? _____

Was tut er zu seiner Fortbildung und Entwicklung? _____

Hat er dringende persönliche Anliegen? _____

_____
Unterschrift des direkten Vorgesetzten

Anmerkungen des nächsthöheren Vorgesetzten: _____

_____
Unterschrift

Bewerbungsbogen nach dem Original eines Industriekonzerns

**Der Mensch,
der
sich selbst definiert**

5 Der Mensch im Spiegel seiner selbst – Selbstporträts

Was geht in einem Menschen vor, der ein Selbstporträt schafft?
Wer sich selbst porträtiert, tritt gleichsam aus sich selbst heraus, macht sich selbst zum Gegenstand seiner Betrachtung, um so das »Wesentliche« an sich selbst zu erkennen und darzustellen.
Welche Motive bewegen Menschen, von sich selbst ein Bild anzufertigen? Wie wirkt das Selbstporträt auf den Künstler, wie auf den Betrachter?
Welche Aspekte des Menschen treten beim Selbstporträt stärker hervor, welche werden nicht berührt?
Versuchen Sie doch einmal, sich selbst zu porträtieren. In der Beschäftigung mit Selbstporträts kann Ihnen klar werden, was für alle anthropologischen Aussagen gilt: Sie stehen immer in einem bestimmten Erfahrungszusammenhang, sie sind Antwort auf – vielleicht versteckte – Fragen und sie zielen immer auch auf eine bestimmte Wirkung beim Adressaten.

Vincent van Gogh (1853–1890), Selbstbildnis, 1889, Mr. and Mrs. John Hay Whitney, New York

*Albrecht Dürer (1471–1528), Selbstporträt mit Perücke, 1500, Holz,
Alte Pinakothek, München*

6 Prometheus oder Sisyphos?

Bedecke deinen Himmel, Zeus,
Mit Wolkendunst
Und übe, dem Knaben gleich,
Der Disteln köpft,
An Eichen dich und Bergeshöhn:
Mußt mir meine Erde
Doch lassen stehn
Und meine Hütte, die du nicht gebaut,
Und meinen Herd,
Um dessen Glut
Du mich beneidest.

Ich kenne nichts Ärmeres
Unter der Sonn als euch, Götter!
Ihr nähret kümmerlich
Von Opfersteuern
Und Gebetshauch
Eure Majestät
und darbtet, wären
Nicht Kinder und Bettler
Hoffnungsvolle Toren.

Da ich ein Kind war,
Nicht wußte, wo aus noch ein,
Kehrt ich mein verirrtes Auge
Zur Sonne, als wenn drüber wär
Ein Ohr, zu hören meine Klage,
Ein Herz wie meins,
Sich des Bedrängten zu erbarmen.

Wer half mir
Wider der Titanen Übermut?
Wer rettete vom Tode mich,
Von Sklaverei?

Hast du nicht alles selbst vollendet,
Heilig glühend Herz?
Und glühtest, jung und gut,
Betrogen, Rettungsdank
dem Schlafenden da droben?

Ich dich ehren? Wofür?
Hast du die Schmerzen gelindert
Je des Beladenen?
Hast du die Tränen gestillet
Je des Geängsteten?
Hat nicht mich zum Manne geschmiedet
Die allmächtige Zeit
Und das ewige Schicksal,
Meine Herrn und deine?

Wähntest du etwa,
Ich sollte das Leben hassen,
In Wüsten fliehen,
Weil nicht alle
Blütenträume reiften?

Hier sitz ich, forme Menschen
Nach meinem Bilde,
Ein Geschlecht, das mir gleich sei:
Zu leiden, zu weinen,
Zu genießen und zu freuen sich
Und dein nicht zu achten,
Wie ich!

Johann Wolfgang v. Goethe

Franz von Stuck, Sisyphos (1863–1928)

7 Weder Tier – noch Gott

Herr, unser Herrscher, wie herrlich ist dein Name in allen Landen!
Besingen will ich deine Hoheit über dem Himmel
mit dem Munde des Unmündigen und Säuglings.
Eine Feste hast du dir gegründet um deiner Widersacher willen,
daß du zum Schweigen bringest den Feind und den Rachgierigen.
Wenn ich schaue deine Himmel, das Werk deiner Finger,
den Mond und die Sterne, die du hingesetzt hast:
Was ist doch der Mensch, daß du seiner gedenkst?
und des Menschen Kind, daß du dich seiner annimmst?
Du machtest ihn wenig geringer als Engel
mit Ehre und Hoheit kröntest du ihn.
Du setztest ihn zum Herrscher über das Werk deiner Hände,
alles hast du ihm unter die Füße gelegt:
Schafe und Rinder allzumal, dazu auch die Tiere des Feldes,
die Vögel des Himmels, die Fische im Meere,
was da die Pfade der Fluten durchzieht.
Herr, unser Herrscher, wie herrlich ist dein Name in allen Landen!

Übersetzung nach der Zürcher Bibel, Psalm 8

Definition

Ein Hund
der stirbt
und der weiß
daß er stirbt
wie ein Hund

und der sagen kann
daß er weiß
daß er stirbt
wie ein Hund
ist ein Mensch

Erich Fried, Warngedichte, Carl Hanser Verlag, München 1964

8 Von Natur aus böse – von Natur aus gut?

»Landsknechte im Dorf.« Radierung von H. U. Franck (1645)

Der englische Philosoph Thomas Hobbes (1588–1679) und der französische Schriftsteller Jean Jacques Rousseau (1712–1778) vertreten diese zwei Grundpositionen vom Menschen, die bis heute das Selbstverständnis der Menschen bestimmen. Was könnten sie bedeuten für die Erziehungslehren und Strategien der Friedenssicherung, für die Gestaltung des Strafvollzugs und die Formulierung von Verfassungen und Staatstheorien?

Bis zu einem gewissen Grad lassen sich die Überzeugungen von Hobbes und Rousseau auch biographisch deuten: Thomas Hobbes stand unter dem Eindruck der religiösen Bürgerkriege in England und der Wirren des 30jährigen Krieges in Europa. Die Wiederherstellung des Friedens schien ihm nur denkbar zu sein mit der Bändigung der bösen menschlichen Naturtriebe »Selbsterhaltung« und »Machtgier« (homo homini lupus) durch den Staat.

Im Gegensatz zu Hobbes teilte Jean Jacques Rousseau den Optimismus der Aufklärung. Persönlich war er geprägt durch glückliche Jahre mit einer mütterlichen Freundin und Geliebten, Madame de Warens, in der ländlichen Idylle eines Landhauses in Le Chamettes. Rousseau ging bei seinen Vorschlägen für die Ordnung des Staates (contract social) und der Erziehung (Emile) von der gegenteiligen Voraussetzung aus: Der Mensch ist von Natur aus gut.

Der Entscheidung für die eine oder andere Position muß – so meinen wir – die Klärung folgender Fragen vorausgehen:

☐ *Welches ist der konkrete Anlaß, der unsere Entscheidung bedingt?*
☐ *Welche Intentionen sind jeweils mit beiden Positionen verbunden?*
☐ *Welche Konsequenzen hat die jeweilige Entscheidung im privaten und gesellschaftlichen Leben?*

Thomas Hobbes:

Der Mensch ist von Natur aus böse

Zunächst wird angenommen, daß alle Menschen ihr ganzes Leben hindurch ständig und unausgesetzt bemüht sind, sich eine Art der Macht nach der anderen zu verschaffen; nicht deshalb, weil sie nach immer größerer Macht, als sie schon besitzen, streben, oder weil sie sich mit einer mäßigen nicht begnügen können, sondern weil sie fürchten, die Mittel ihrer gegenwärtigen Macht und Glückseligkeit zu verlieren, wenn sie diese nicht noch vermehren. Daher sind auch Könige, welche die höchste Gewalt haben, darauf bedacht, ihre Macht im Lande durch Gesetze und außerhalb durch Kriegsheere zu befestigen. Ist auch dies glücklich erreicht, so folgt doch bald wieder ein neuer Wunsch, entweder nach größerem Ruhm oder nach einem anderen Vorteil.

Der Wunsch nach Reichtum, Ehre, Herrschaft und Macht jeder Art facht den Menschen zum Streit, zur Feindschaft und zum Kriege an; denn dadurch, daß man seinen Mitbewerber tötet, überwindet und auf jede mögliche Art schwächt, bahnt man sich den Weg zur Erreichung seiner eigenen Wünsche... [aus Kapitel 11]

Hieraus ergibt sich, daß ohne Einschränkung der Macht der Zustand der Menschen so ist, wie er zuvor beschrieben wurde, nämlich ein Krieg aller gegen alle. Denn der Krieg dauert ja nicht nur so lange, als tatsächliche Feindseligkeiten geübt werden, sondern so lange der Vorsatz herrscht, Gewalt mit Gewalt zu vertreiben.

Wer hierüber noch niemals nachgedacht hat, dem muß es auffallen, daß die Natur die Menschen so ungesellig gemacht und sogar einen zu des anderen Mörder bestimmt hat... [aus Kapitel 13]

Weil nun, wie schon gezeigt worden ist, die Menschen sich im Zustand des Krieges aller gegen alle befinden und jeder sich der Leitung seiner eigenen Vernunft überläßt, und da es nichts gibt, was er nicht irgendwann zur Verteidigung seines Lebens gegen einen Feind mit Erfolg gebrauchen könnte, so folgt, daß im Naturzustande alle ein Recht auf alles, die Menschen selbst nicht ausgenommen, besitzen. Solange dieses Recht gilt, wird daher niemand, und sollte es der Stärkste auch sein, sich für sicher halten können. Also ist folgendes eine Vorschrift oder allgemeine Regel der Vernunft; suche Frieden, solange nur Hoffnung dazu da ist; verschwindet diese, so schaffe dir von allen Seiten Hilfe und nutze sie; dies steht dir frei... [aus Kapitel 14]

Beim Abschluß eines Friedens darf niemand ein Recht für sich verlangen, das er dem anderen nicht zugestehen will. Jeder, der mehr Rechte für sich fordert, als er selbst anderen gestatten will, handelt diesem Gesetz entgegen. Denn man darf zwar, um sein Leben zu erhalten, sich dieser oder jener natürlichen Rechte begeben, aber einige müssen doch gewahrt werden, z. B. das Recht, für die ersten Bedürfnisse des Körpers zu sorgen, Feuer, Wasser und Luft und alles zu genießen, ohne das der Mensch nicht leben kann… Solange nun die Parteien nicht miteinander übereinstimmen, sondern es auf die Entscheidung eines Dritten, welcher Richter heißt, ankommen lassen, dauert der Streit fort. Deshalb fordert unser sechzehntes natürliches Gesetz: Laß dir den Urteilsspruch des Richters gefallen. Weil aber jeder nur auf seinen Vorteil bedacht zu sein pflegt, so kann niemand in eigener Sache Richter sein: dies ist das siebzehnte natürliche Gesetz. Aus dem gleichen Grunde kann dem achtzehnten natürlichen Gesetz zufolge niemand zum Richter angenommen werden, der aus dem Siege der einen Partei Vorteil, Ehre oder sonst etwas Erwünschtes für sich erwerben kann. Denn das würde eine Art natürlicher Bestechung sein.

Solange die Menschen nur ihren eigenen Vorteil oder Nachteil zum Maßstabe nehmen, leben sie in einem allgemeinen Krieg. Der Friede wird von allen als etwas Gutes und Wünschenswertes betrachtet, und folglich muß alles, was zum Frieden führt, auch als etwas Gutes angesehen werden… [aus Kapitel 15]

Um aber eine allgemeine Macht zu gründen, unter deren Schutz gegen auswärtige und innere Feinde die Menschen im ruhigen Genusse der Früchte ihres Fleißes und der Erde ihren Unterhalt finden können, gibt es nur einen einzigen Weg: Jeder muß alle seine Macht und Kraft einem oder mehreren Menschen übertragen, wodurch der Wille aller gleichsam in einem Punkt vereinigt wird, so daß dieser eine Mensch oder diese eine Gesellschaft der Stellvertreter jedes einzelnen wird, und jeder ihre Handlungen so betrachtet, als habe er sie selbst getan, weil er sich ihrem Willen und Urteile freiwillig unterworfen hat… [aus Kapitel 17]

Die Verpflichtung der Bürger gegen den Oberherrn kann nur so lange dauern, als dieser imstande ist, die Bürger zu schützen; denn das natürliche Recht der Menschen, sich selbst zu schützen, falls dies kein anderer tun kann, wird durch keinen Vertrag beseitigt…[aus Kapitel 21]

Der Bürger ist ein so unumschränkter Herr seines Vermögens, daß der Staat ganz und gar keinen Anspruch darauf erheben kann… [aus Kapitel 29]

Thomas Hobbes, Leviathan (1651), in: Walter Schätzel, Der Staat, Deutsche Buchgemeinschaft, Berlin, Darmstadt, Wien, 1963, 3–152

Jean Jacques Rousseau:
Der Mensch ist von Natur aus gut

Das erste Gefühl des Menschen war das seiner Existenz, seine erste Sorge die seiner Erhaltung. Der Hunger und andere Begierden brachten ihn dazu, auf die verschiedensten Weisen zu versuchen, wie man existieren könnte.

In dem Maße, wie das menschliche Geschlecht sich ausdehnte, vermehrten sich auch seine Sorgen. Je mehr sich der Geist des Menschen aufhellte, um so mehr verbesserte sich seine Handfertigkeit. Es ist wahrscheinlich, daß die stärksten die ersten waren, die sich Behausungen bauten; man kann annehmen, daß es die schwächeren am besten und sichersten fanden, dies ihnen nachzuahmen.

Nun verändert alles das Aussehen. Die Menschen, die bisher durch die Wälder irrten, nähern sich nun einander, nachdem sie sich eine feste Bleibe geschaffen haben. Sie vereinigen sich zu Horden und bilden schließlich Völker. Daraus entstehen die ersten bürgerlichen Verflechtungen selbst unter den Wilden. Solange die Menschen sich mit ihren eigenen Hütten begnügten, selbst ihre Kleider aus Fell nähten, sich mit Federn und Muscheln schmückten, mit Hilfe von Steinen Fischerboote und primitive Musikinstrumente zurechtbastelten, mit einem Wort nur Werke vollbrachten, welche ein einzelner machen konnte, lebten sie frei, gesund, gut und glücklich. Aber von dem Augenblick an, wo ein Mensch die Hilfe eines anderen nötig hatte, verschwand die Gleichheit, entstand das Eigentum, wurde Arbeit notwendig, und die weiten Wälder verwandelten sich in lachende Felder, die man mit dem Schweiß der Menschen bewässern mußte und in denen man bald die Sklavenarbeit keimen sah.

Aus der Bebauung des Bodens folgte mit Notwendigkeit seine Teilung, und nachdem das Eigentum einmal anerkannt war, die Entstehung der ersten Rechtssätze. Nachdem die Dinge einmal soweit gediehen waren, kann man sich leicht den Rest vorstellen. Es begann je nach dem Charakter Herrschaft und Sklaventum, Gewalt und Raub. Kaum hatten die Reichen Geschmack am Herrschen gewonnen, da verachteten sie die andern und dachten an nichts anderes, als sich ihre Nachbarn zu unterwerfen, wie ausgehungerte Wölfe, wenn sie einmal Menschenfleisch gekostet haben, jede andere Nahrung verachten und nur noch Menschen fressen wollen. So ist es gekommen, daß die Gewaltanmaßung der Reichen die Menschen habgierig, ehrgeizig und boshaft gemacht hat…

Ich habe versucht, den Ursprung und den Fortschritt der Ungleichheit auseinanderzusetzen. Es folgt aus meiner Untersuchung, daß die Ungleichheit, die im Naturzustand fast gar nicht vorhanden war, ihre Kraft und ihr Anwachsen aus der Entwicklung unserer Fähigkeiten und dem Fortschritt des menschlichen Geistes genommen hat und schließlich fest und legitim durch die Einrichtung des Eigentums und der Gesetze geworden ist.

Man muß eine Form der Vergesellschaftung finden, die mit gemeinsamer Kraft aller Person und Güter jedes Genossen verteidigt und beschützt, und durch die jeder, indem er sich mit allen zusammenschließt, doch nur seinem eigenen Willen untertan wird und so frei bleibt, wie er vorher war. Das ist das Grundproblem, für das der Gesellschaftsvertrag die Lösung gibt.

Die Grundsätze dieses Vertrages sind so sehr durch seine Natur bestimmt, daß ihre geringste Veränderung ihn hinfällig und kraftlos macht. Obgleich niemals ausdrücklich ausgesprochen, sind sie überall die gleichen und werden überall stillschweigend anerkannt, sogar bis zu der Konsequenz, daß bei Verletzung des Gesellschaftsvertrages jeder in seine ursprünglichen Rechte wieder zurücktritt und seine volle natürliche Freiheit wiedergewinnt, unter Verlust der ihm vertraglich eingeräumten Freiheit, zu deren Gunsten er auf seine natürliche Freiheit verzichtet hatte.

Wenn man aus dem Gesellschaftsvertrag alles Unwesentliche ausscheidet, so wird man finden, daß er auf folgende Formel zurückzuführen ist: Jeder von uns stellt seine Person und seine ganze Kraft unter die oberste Leitung des Gemeinwillens (volonté générale) und nimmt ferner jedes Mitglied als einen unteilbaren Bestandteil des Ganzen auf. [aus Kapitel 6]

Jean Jacques Rousseau, Abhandlung über die Ungleichheit (1754) und contract social (1756), in: Walter Schätzel, Der Staat, Deutsche Buch-Gemeinschaft, Berlin, Darmstadt, Wien, 1963, 217.–219. 212f.

9 Menschliche Selbstdefinition im Wandel

Wie ist es zu erklären, daß der Mensch immer wieder neu die Frage nach sich selbst stellt? Der Psychoanalytiker Sigmund Freud (1856–1939) hat darauf eine Antwort versucht. Seiner Ansicht nach ist das Bild, das der Mensch von sich macht, einem geschichtlichen Wandel unterworfen, und zwar durch Anstöße von außen: Freud nennt »Drei Kränkungen der menschlichen Eigenliebe«, die bisher zu grundlegenden Wandlungen geführt haben. Dabei entwirft Freud gleichsam eine Geschichte der Anthropologie, die eine grobe Einteilung in vier grundlegende Abschnitte erlaubt. Freilich, Freuds »Kränkungen der menschlichen Eigenliebe« ist zu entnehmen, daß auch eine Geschichte der Anthropologie nicht »objektiv« dargestellt werden kann. Auch sie wurzelt in einem bestimmten Lebenszusammenhang, auch sie ist Antwort auf bestimmte Fragen, auch sie will bestimmte Verhaltensvorschriften machen und ist von persönlichen Motiven getragen. In den abgedruckten Ausführungen stellt Freud seine tiefenpsychologischen Erkenntnisse in eine Reihe mit den Entdeckungen von Kopernikus und Darwin. Welches Bild von sich selbst vermittelt damit Freud?

Wenn nicht alles täuscht, dann begegnet der Mensch heute in der weltweiten ökologischen Krise einer vierten Kränkung der menschlichen Eigenliebe. (Vergleiche dazu Gerhard Liedke, Im Bauch des Fisches →M 17)

Drei Kränkungen der menschlichen Eigenliebe

Mit der Hervorhebung des Unbewußten im Seelenleben haben wir die bösesten Geister der Kritik gegen die Psychoanalyse aufgerufen. Wundern Sie sich darüber nicht, und glauben Sie auch nicht, daß der Widerstand gegen uns nur an der begreiflichen Schwierigkeit des Unbewußten oder an der relativen Unzugänglichkeit der Erfahrungen gelegen ist, die es erweisen. Ich meine, er kommt von tiefer her. Zwei große Kränkungen ihrer naiven Eigenliebe hat die Menschheit im Laufe der Zeiten von der Wissenschaft erdulden müssen. Die erste, als sie erfuhr, daß unsere Erde nicht der Mittelpunkt des Weltalls ist, sondern ein winziges Teilchen eines in seiner Größe kaum vorstellbaren Weltsystems. Sie knüpft sich für uns an den Namen Kopernikus, obwohl schon die alexandrinische Wissenschaft ähnliches verkündet hatte. Die zweite dann, als die biologische Forschung das angebliche Schöpfungsvorrecht des Menschen zunichte machte, ihn auf die Abstammung aus dem Tierreich und die Unvertilgbarkeit seiner animalischen Natur verwies. Diese Umwertung hat sich in unseren Tagen unter dem Einfluß von Ch. Darwin, Wallace und ihren Vorgängern nicht ohne das heftige Sträuben der Zeitgenossen vollzogen. Die dritte und empfindlichste Kränkung aber soll die menschliche Größensucht durch die heutige psychologische Forschung erfahren, welche dem Ich nachweisen will, daß es nicht einmal Herr im eigenen Hause, sondern auf kärgliche Nachrichten angewiesen bleibt von dem, was unbewußt in seinem Seelenleben vorgeht. Auch diese Mahnung zur Einkehr haben wir Psychoanalytiker nicht zuerst und nicht als die einzigen vorgetragen, aber es scheint uns beschieden, sie am eindringlichsten zu vertreten und durch Erfahrungsmaterial, das jedem einzelnen nahegeht, zu erhärten. Daher die allgemeine Auflehnung gegen unsere Wissenschaft, die Versäumnis aller Rücksichten akademischer Urbanität und die Entfesselung der Opposition von allen Zügeln unparteiischer Logik.

Sigmund Freud,
Studienausgabe Bd. 1, S. Fischer Verlag, Frankfurt a. M. ⁴1972, 283 f.

10 Das Bild des Menschen im Wandel der abendländischen Kunst

Die mittelalterliche Malerei kennt keine echten Porträts. Niemand machte sich die Mühe, auf die Dinge zu achten, die das Aussehen eines Menschen von dem der anderen unterscheidet. Der Mensch wird überwiegend dargestellt als Akteur und Teil der göttlichen Heilsgeschichte, die dem Dasein einen verbindlichen Rahmen gibt und in einen geordneten Zusammenhang stellt. Nicht der einzelne ist wichtig, sondern die Macht und die Herrlichkeit, die in Jesus Christus konkrete Gestalt gewonnen hat. Im Hinblick auf das Heilsgeschehen wird das Aussehen des einzelnen unwichtig, er gleicht sich dem anderen an, er wird idealisiert und typisiert. Recht deutlich wird das in der *romanischen Buchmalerei,* die sich zur Aufgabe gesetzt hatte, biblische Texte durch Bilder und Ornamente zu erläutern und kostbar auszuschmücken. Kunst und damit auch die Darstellung des Menschen ist hier Dienst an Gott, ist Gottesdienst. Ein Beispiel für eine solche Buchmalerei ist die Darstellung »Marientod« aus der Reichenauer Schule (um 1010).
Welches Lebensgefühl kommt hier zum Ausdruck?
Im Zeitalter der *Renaissance* (15. bis 16. Jahrhundert) verlangen immer mehr Menschen nach Bildern, auf denen sie sich wiedererkennen können. Der Mensch sucht sich als eigene, von anderen unterschiedene Persönlichkeit zu begreifen. Nun wird die Ähnlichkeit mit dem Abgebildeten immer wichtiger. Wohl nicht zufällig entstehen in diesem Zeitalter die ersten Selbstbildnisse. Eines der frühesten Porträts ist das »Hochzeitsbild des

Marientod, Deutsche Miniatur, Reichenauer Schule, um 1010, Staatsbibliothek, München

Giovanni Arnolfini«. Das seltsam feierliche Paar gibt sich vor zwei Zeugen, die im Spiegel sichtbar werden, das Heiratsversprechen. Die Szene ist voll von symbolischen Andeutungen, die als alltägliche Gegenstände »verkleidet« sind: das »geheiligte Ehebett« hinter der Braut, die Holzschuhe (die der Bräutigam abgestreift hat, weil er auf »geweihtem Boden« steht) und der die Treue symbolisierende Hund. Dieses Bild wurde von dem Niederländer *Jan van Eyck* (ca. 1390–1441) im Jahre 1434 gemalt, der als einer der Trauzeugen das Bild gleichsam als Heiratsbescheinigung geschaffen hatte. Was mag wohl geschehen sein, daß sich die Menschen so malen lassen bzw. einander so darstellen?

Ein bezeichnendes Thema der *romantischen* Malerei im beginnenden 19. Jahrhundert ist die Größe und die Gewalt der Natur. Der Mensch ist nicht mehr Teil der Natur, sondern er steht ihr einsam und verlassen gegenüber. Trotz seiner Bedeutungslosigkeit bleibt er jedoch auf sie bezogen und wird von ihr bestimmt. Der Mensch beginnt sich von der Natur her zu begreifen und gewinnt sein Selbst- und Weltverständnis durch die Auseinandersetzung mit der Natur. Recht deutlich wird dies an den *»Kreidefelsen auf Rügen«*, ein Bild, das *Caspar David Friedrich* (1774–1840) im Jahre 1818 geschaffen hat. Welches Lebensgefühl kommt hier zum Ausdruck? Wie versteht sich der Mensch?

Um das Revolutionsjahr 1848 kommt der *Realismus* als neue Kunstrichtung auf. Er verlangt von dem Maler, daß er sich ganz seinen Themen hingeben

Jan van Eyck (ca. 1390–1441), Hochzeitsbild des Giovanni Arnolfini, 1434, National Gallery, London

Gustave Courbet (1819–1877), Steinklopfer, 1848, Früher Dresdner Galerie

Caspar David Friedrich (1774–1840), Kreidefelsen auf Rügen, 1818, Leinwand, Stiftung Oscar Reinhart, Winterthur

müsse. Der Maler darf sich dem Menschen und der Natur nicht mit einer vorgefaßten Idee nähern, sondern soll sie so getreu wie nur möglich wiedergeben. Der Maler soll das malen, was er sieht, nicht das, was er sich denkt. Einer der führenden Vertreter des Realismus ist *Gustave Courbet* (1819–1877). Seine »*Steinklopfer*« aus dem Jahre 1849 erregen in weiten Kreisen Aufruhr und Entrüstung. Es stellt für seine Zeit etwas Anstößiges und Häßliches dar. Man empfand dieses Bild als soziale Anklage. Wie hat man sich wohl verstanden, und was »tut« dieses Bild?

Neben dem Expressionismus und dem Kubismus bildet der *Surrealismus* die dritte große Bewegung der Malerei in diesem Jahrhundert vor dem 2. Weltkrieg. Dem Surrealismus liegt die von Sigmund Freud beeinflußte Überzeugung zugrunde, daß die eigentliche Wirklichkeit nicht durch den logischurteilenden Verstand, sondern eher durch das Unterbewußtsein wahrgenommen und erschlossen wird. Die Eindrücke und Empfindungen des Unbewußten finden ihren Niederschlag in Träumen, wirren Assoziationen, widersprüchlichen Vorstellungen und zufälligen, vergessenen, ja oft verdrängten Neigungen. Träume können uns daher mehr über die Wirklichkeit sagen als der rekonstruierende Verstand. In dem Bild »*Die Arche des Odysseus*« malte sich *Rudolf Hausner* selbst als Noah und Odysseus, der sich mit seiner Arche in einer Irrfahrt durchs Leben bewegt, um sein nacktes Leben zu retten und schließlich sein »Ithaka« wieder zu erreichen. Was ihn dabei bewegt, ist in unterschiedlichen, verwirrenden Symbolen dargestellt. Es sind Symbole der Harmonie und der Geborgenheit, aber auch Symbole des Chaos, der Leere und der Angst. Odysseus, der Maler selbst, hält einen Würfel vor der Brust mit den Porträts seines Vaters, seiner Mutter und von sich selbst als Kind. Welche Gefühle bewegen Odysseus? Was will der Künstler andern über sich selbst mitteilen?

Die Bilder zeitgenössischer Künstler spiegeln in sehr unterschiedlicher Weise die gesellschaftliche und persönliche Situation des heutigen Menschen. Sie lassen sich nicht zu einer einheitlichen Richtung zusammenfassen. Der Mensch kommt unter ganz verschiedenen Perspektiven »ins Bild«.

Horst Antes hält mit seinem »*Bildnis mit gespaltener Stirn*« dem heutigen Menschen ein zerstörtes und gespaltenes Antlitz vor Augen, in dem er sich wiedererkennen soll. Kann er das? Wir sehen darin ein Zeichen einer gespaltenen und zerstörten Identität, Ausdruck einer Unfähigkeit, sich selbst einheitlich darzustellen. Entspricht das der Wirklichkeit des heutigen Menschen? Wenn ja, woher kommt das?

Viele Künstler zeigen den heutigen Menschen als Menschen, der durch seine eigenen Produkte, geistige oder materielle, beherrscht wird. Wieder andere klagen die zunehmende, weltweite, zynische Unterdrückung des Menschen und die Mißachtung der Würde des Menschen an. In dem »*Denkmal für Joao de Souza*« (1972), einem zu Tode gefolterten brasilianischen Studenten, zeigt *Christian Neuenhausen* den heutigen Menschen als den »geschundenen Menschen«, der unter den Schlägen seiner Mitmenschen zusammenbricht.

Rudolf Hausner, Die Arche des Odysseus
(1948–51, 1953–56), Tempera-Harzölfarbe
auf Sperrholz, Wien, Historisches Museum

Horst Antes, Bildnis mit gespaltener Stirn (1973/74),
Acryl auf Leinwand, Privatbesitz

Siegfried Neuenhausen, Denkmal für Joao Borges de Souza, (1972), Kiel, Kunsthalle

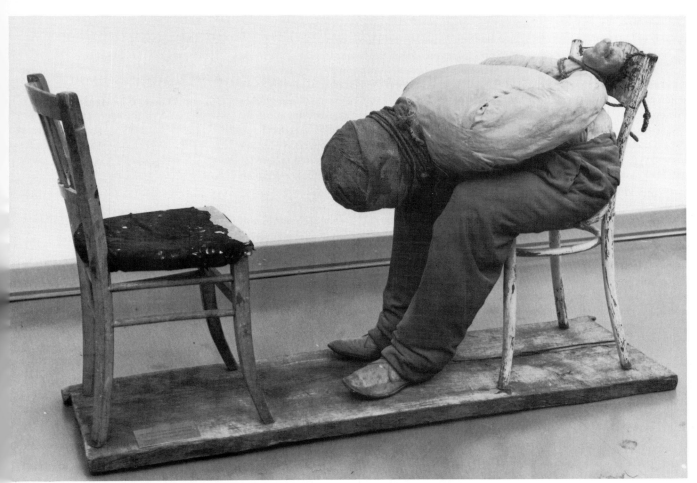

11 Der Mensch – sich selbst ein Rätsel:

Herr, gib mir ein hörendes Herz!

Unser Bedürfnis nach einer klaren Definition des Humanum ist groß. Wenn wir klar und eindeutig sagen könnten, was das spezifisch Menschliche ist, dann könnten wir auch die menschlichen Verhaltensweisen und die sozialen Strukturen darauf ausrichten. Vor allem möchten wir wissen, was die positivste Möglichkeit des Humanum ist und daher das Ziel menschlichen Lebens sein kann.

Das ist nun freilich eine uralte Frage, und ich will sie verdeutlichen an einer Geschichte aus 1 Könige 3. Als Salomo das Königtum über Israel fest in der Hand hat, da begegnet Gott selbst ihm im Traume und stellt ihm eine Bitte frei. Salomo hat schon alles, was des Menschen Herz begehren kann; nun steht er vor der Frage, was das Höchste für ihn sein könne. Wir kennen im Alten Orient viele solcher Königsbitten; sie beziehen sich auf den Sieg über die Feinde, auf Nachkommenschaft, Reichtum und Ansehen, langes Leben, Weisheit und Ruhm und vieles andere mehr. Salomo aber bittet: »Herr, du mögest mir ein hörendes Herz geben, um dein Volk zu regieren und den Unterschied zwischen Gut und Böse verstehen zu können.« Ein hörendes Herz – das ist nach biblischem Verständnis die wesentlichste Bitte, die einem Menschen möglich ist. Ein Herz, das offen ist für Gottes Wort und für Gottes Geist, das ist die höchste Erfüllung des Humanum.

Diese Erkenntnis hat ganz eminente Konsequenzen. Damit ist gesagt: Es gibt keine Möglichkeit, das Wesen des Menschen in sich selbst zu fassen. Man kann zwar in der Verhaltensforschung und in bestimmten Richtungen der Anthropologie Unterschiede des Menschen gegenüber dem Tier herausarbeiten; man kann sagen, daß der Mensch ein offenes Wesen ist, das durch seine Instinkte nicht an die Umwelt gebunden ist. Aber das alles sind negative Abgrenzungen. Sie besagen noch nichts Entscheidendes darüber, was denn nun das Humanum wirklich ist. Man kann freilich beobachten, wie der Mensch etwas von seinem Wesen in seiner Kultur zur Darstellung bringt, wie der Mensch sich in den Strukturen des Privaten und des Gesellschaftlichen verwirklicht – aber auch hier bekommt man keine eindeutige Antwort. Denn gerade im universalen Umbruch der Gesellschaftssysteme erfahren wir heute, daß der Mensch sich selbst noch nicht gefunden hat, daß er nicht weiß, wer er ist und wer er sein wird. Wir wissen nur, daß der Mensch durch und durch zeitlich ist, daß er auf Zukunft hin angelegt ist, daß seine Bedürftigkeit ihn zu steter Veränderung der Welt antreibt – aber in dem allen ändern sich auch seine Bedürfnisse selbst. Wenn wir das alles überlegen, dann kommen wir zu einer ersten These: Jede Definition, jede inhaltliche Bestimmung des Humanum würde gegen wahre Humanität verstoßen; denn sie würde den Menschen auf unsere heutige Erkenntnis festlegen, sie würde also nur unsere heutigen Verhältnisse reflektieren und in ihren Folgen dem Menschen gerade seine Offenheit für Zukunft verstellen. Der Mensch, der eindeutig weiß, was das Humanum ist, braucht nicht mehr um ein hörendes Herz zu bitten.

Heinz Eduard Tödt, Das Menschliche im Menschen als Frage an heutige theologische Ethik, in: Das Angebot des Lebens, Gütersloher Verlagshaus Gerd Mohn, 1978 (GTB 254) 15 f. Gütersloh.

Das Wort Mensch

Das Wort Mensch, als Vokabel
eingeordnet, wohin sie gehört,
im Duden:
zwischen Mensa und Menschen-
gedenken.

Die Stadt
alt und neu,
schön belebt, mit Bäumen,
auch
und Fahrzeugen, hier

hör ich das Wort, die Vokabel
hör ich hier häufig, ich kann
aufzählen von wem, ich kann
anfangen damit.

Wo Liebe nicht ist,
sprich das Wort nicht aus.

Johannes Bobrowski

Johannes Bobrowski in: Wetterzeichen, Wagenbach Verlag, Berlin 1966

Wenn Herr K. einen Menschen liebte

»Was tun Sie«, wurde Herr K. gefragt, »wenn Sie einen Menschen lieben?« »Ich mache einen Entwurf von ihm«, sagte Herr K., »und sorge, daß er ihm ähnlich wird«. »Wer? Der Entwurf?« »Nein«, sagte Herr K., »der Mensch«.

Bertolt Brecht, Gesammelte Werke 12, werkausgabe edition suhrkamp, Verlag Suhrkamp, Frankfurt 1967, 386

Der wahre Mensch – Die Antwort Gottes

12 Geschaffen und beauftragt

Die »Definition« des Menschen durch das Wort Gottes

Nach der These des Theologen Heinz Eduard Tödt verstößt »jede Definition, jede inhaltliche Bestimmung des Humanum... gegen wahre Humanität« (→ M 11). Wenn nun aber die Bibel vom Menschen als dem »Ebenbild Gottes«, als dem »Geschöpf Gottes« oder als dem »Sünder« spricht, sind das dann keine Definitionen? Wir meinen, daß Menschen im Hören auf das Wort Gottes darum nicht »de–finiert« werden, weil sie dabei nicht auf ein bestimmtes Verständnis des Menschen festgelegt und damit eben nicht »begrenzt« werden.

Wo Menschen auf das Wort Gottes hören und sich auf das Wort Gottes einlassen, da geschieht vielmehr dies:

☐ Der Mensch wird zu einem hörenden und empfangenden Du und dadurch zu einem antwortenden Ich. Er wird von sich selbst weg und auf andere hin gewiesen.

☐ Der Mensch wird darauf hingewiesen, daß er nicht allein und auf sich selbst gestellt ist. Sein Leben ist trotz Brüchen, Widersprüchen und Scheitern umfaßt, getragen und bewegt von Gottes verborgener Wirklichkeit.

☐ Dem Menschen wird gegen alle Vernunft eine Zukunft in Aussicht gestellt, die Versöhnung und Vollendung verspricht. Ihm wird verheißen, daß auch das Zufällige, Sinnlose und Ziellose dereinst nicht ohne Sinn sein werden.

☐ Der Mensch findet Trost und Hoffnung angesichts von Sinnlosigkeit, Scheitern, Angst und Tod. Er bekommt Mut, das »Alte« hinter sich zu lassen und sich auf neue Möglichkeiten einzulassen. Er lernt, mit seinen Ängsten zu leben. (2. Kor. 5, 17; Rö. 8, 35)

☐ Der Mensch wird gewiß, daß er für Gott wichtig ist, denn er ist von ihm angenommen und geliebt, unabhängig von seinen Fehlern und Stärken, Möglichkeiten und Grenzen, Erfolgen und Mißerfolgen.

☐ Der Mensch wird befreit von der Angst um sich selbst sowie der Illusion, allmächtig alles begreifen und kontrollieren zu können. Er wird eingeladen, sich vertrauensvoll auf Gottes neuschaffendes Handeln einzulassen.

☐ Der Mensch wird mit seiner schöpfungsgemäßen Begrenztheit und Endlichkeit versöhnt. Er bekommt Anteil an dem Vertrauen zu Gott und wird fähig, die Unabgeschlossenheit und Veränderlichkeit der Wirklichkeit anzunehmen.

☐ Der Mensch wird herausgefordert, Gott in seinem ganzen Dasein Antwort zu geben und ihm zu entsprechen. Er wird in die »Verantwortung«, in die Nachfolge gerufen.

Alle diese Erfahrungen haben Menschen in der Begegnung mit Jesus Christus, dem Gekreuzigten und Auferstandenen, gemacht. Deshalb bekennt ihn das biblische Zeugnis als das *eine* Wort Gottes. In ihm spricht Gott sich selbst aus. Zugleich bekennt das Neue Testament aber auch, daß Jesus Christus das wahre Ebenbild Gottes ist (Kol. 1,15; 2. Kor. 4,4). Dies bedeutet, daß in Jesus Christus jenes Menschsein erschienen ist, das sich ganz auf das Wort Gottes einläßt und diesem »entspricht«. Insofern ist Jesus »der Gott entsprechende Mensch« (E. Jüngel). Er ist der Mensch, wie Gott ihn will, er ist der »neue Mensch«.

Jesus Christus ist daher die Antwort Gottes auf die Frage des Menschen nach dem wahren Menschsein; eine Antwort, die den Menschen nicht auf seine jetzigen Verhältnisse festlegt und seine Offenheit für die Zukunft nicht verstellt. Ein Menschsein also, das die »Fraglichkeit« und die Nichtdefinierbarkeit des Menschen annimmt und aushält.

Dieses Menschsein zeichnet sich aber auch gerade dadurch aus, daß es die Selbstdefinitionen der Menschen in Frage stellt und dem Versuch, den Menschen ein für alle Mal festlegen zu wollen, widerspricht. Deshalb kann der Theologe Karl Barth sagen: Der Mensch Jesus Christus ist Frage und Antwort zugleich.

> Gott will nicht allein sein. Sein innerstes Wesen ist Liebe. Liebe kann aber sich nur in freier Gegenliebe erfüllen. Gott schuf den Menschen nach seinem Bilde und schenkte ihm damit die Freiheit, ihm seine volle Liebe zuzuwenden und die Liebe Gottes zu erwidern, aber mit der Freiheit eröffnete Gott dem Menschen auch die Möglichkeit, sich von ihm abzuwenden. Der Mensch hat seine Freiheit in der Tat nach ihrer negativen Möglichkeit erprobt; er hat sich selbst geliebt, statt seine Liebe Gott zuzuwenden. Aber Gott kann es nicht lassen, den Menschen zu lieben und von ihm die Erfüllung seiner Liebe in freier Gegenliebe zu erwarten.
> *Grundgedanken von Meister Eckhart.*

> Und Gott sprach: Lasset uns Menschen machen,
> ein Bild, das uns gleich sei,
> die da herrschen über die Fische im Meer
> und über die Vögel unter dem Himmel
> und über das Vieh und über alle Tiere des Feldes
> und über alles Gewürm, das auf Erden kriecht.
>
> Und Gott schuf den Menschen zu seinem Bilde,
> zum Bilde Gottes schuf er ihn;
> und schuf sie als Mann und Weib.
>
> Und Gott segnete sie und sprach zu ihnen:
> Seid fruchtbar und mehret euch
> und füllet die Erde und machet sie euch untertan
> und herrschet über die Fische im Meer
> und über die Vögel unter dem Himmel
> und über das Vieh und über alles Getier,
> das auf Erden kriecht.
>
> Und Gott sprach: Sehet da, ich habe euch gegeben
> alle Pflanzen, die Samen bringen,
> auf der ganzen Erde, und alle Bäume mit Früchten,
> die Samen bringen, zu eurer Speise.
>
> Aber allen Tieren auf Erden und allen Vögeln
> unter dem Himmel und allem Gewürm,
> das auf Erden lebt,
> habe ich alles grüne Kraut zur Nahrung gegeben.
> Und es geschah so,
>
> Und Gott sah an alles, was er gemacht hatte,
> und siehe es war sehr gut.   1 Mose 1,26–31a

Der Mensch – Geschöpf und Ebenbild Gottes

»Und Gott schuf den Menschen nach seinem Bilde, nach dem Bilde Gottes schuf er ihn.« Dies ist nicht primär eine Aussage über den Menschen, sondern über die Erschaffung des Menschen durch Gott. Das Geschöpf, das er jetzt plant, soll in Beziehung zu ihm stehen, es soll ihm entsprechen, so daß etwas zwischen ihm und Gott geschehen, daß Gott zu ihm reden und er ihm antworten kann. Die Menschheit ist geschaffen, damit etwas geschehe zwischen Gott und Mensch...

Nachdem man lange angenommen hat, mit ihr müsse etwas Besonderes am Menschen gemeint sein, seine geistigen Fähigkeiten oder die Seelenkräfte, die Willensfreiheit oder die Persönlichkeit oder die unsterbliche Seele oder die aufrechte Gestalt, wurde erst spät erkannt, daß die Gottesebenbildlichkeit nicht etwas am Menschen meint, sondern den Menschen als solchen und als ganzen...

Der Satz, daß Gott den Menschen nach seinem Bild geschaffen habe, ist explikativ zu verstehen, die Gottesebenbildlichkeit ist nicht etwas, was noch zur Geschöpflichkeit hinzukommt, sie sagt vielmehr, was es bedeutet, daß der Mensch Gottes Geschöpf ist. Damit tritt klarer heraus, daß hiermit etwas vom Menschen gesagt ist, was schlechthin für alle Menschen gilt, jenseits aller sonst bestehenden Unterschiede zwischen ihnen. Nach Gottes Bild geschaffen sind die Menschen aller Völker, aller Rassen, aller Religionen, aller Weltanschauungen. In diesem Geschaffensein nach dem Bilde Gottes ist die Menschenwürde begründet, die jedem Menschen als Gottes Geschöpf eignet. Diese dem Menschen verliehene Würde wiederum ist es, die die Menschenrechte begründet.

Der Schöpfungsauftrag des Menschen

Zum komplexen Verständnis der Erschaffung des Menschen gehört, daß Gott seinem Geschöpf den Auftrag zur Arbeit gibt; er gibt ihm den Auftrag, den Garten zu bebauen und zu bewahren. Mit den beiden Verben ›bebauen und bewahren‹ meint der Erzähler zunächst die Arbeit des palästinischen Bauern, aber man kann auch alle menschliche Arbeit unter diesen beiden Aspekten sehen. Die Voraussetzung dieses Auftrages ist, daß dem Menschen der Garten und dann die Erde anvertraut ist, aus ihr Erträge zu gewinnen und zugleich die Erde, das Land, den Acker als den Spender dieser Erträge zu behüten und zu bewahren. Wo Erträge aus der Erde gewonnen werden, ohne daß zugleich die Erde als der Spender der Erträge behütet und bewahrt wird, liegt Raubbau vor, der sich auf den Auftrag Gottes keinesfalls berufen kann. Denn nichts anderes ist gemeint mit der Formulierung der Priesterschrift, in der der Mensch zum Herrschen über die übrigen Kreaturen und damit auch zum Herrscher über die Erde eingesetzt wird: »...macht sie euch untertan!« Denn ›herrschen‹ ist hier nicht im Sinn willkürlicher Machtausübung gemeint. Das wäre ein verhängnisvolles Mißverständnis dieses Herrscherauftrages. Es ist dabei vielmehr an die für die antike klassische Form der Herrschaft, die Königsherrschaft gedacht. Sie bedeutet die volle Verantwortung des Herrschers für das Wohlergehen des ihm anvertrauten Volkes und Landes. Wenn der König nicht imstande ist, das Wohl der ihm Anvertrauten zu bewirken und zu garantieren, dann hat er seine Herrschaft verwirkt. Wenn sich also in dem gegenwärtigen Gespräch über das ›dominium terrae‹ eine skrupellose Ausbeutung der Kräfte unserer Erde auf die Herrschaftsübertragung in der Schöpfungsgeschichte beruft, so ist das im Text nicht begründet; jede Form von Ausbeutung der Erde ist Verachtung des Auftrags Gottes.

Der Auftrag, den Garten zu bebauen und zu bewahren, wird in Kap. 4 von V. 17 an weitergeführt. Mit dem Menschengeschlecht wächst und verzweigt sich die Arbeit. Zum Wachsen und Sich-Verzweigen der menschlichen Arbeit gehört die Arbeitsteilung, die mit ihr notwendig wird... Das technische Wirken des Menschen in allen seinen Verzweigungen und die Naturwissenschaften ebenso wie die Geisteswissenschaften in allen ihren Verzweigungen können unter diesem Auftrag Gottes verstanden werden...

Beim Bebauen und Bewahren gehört von Anfang an körperliche und geistige Arbeit notwendig zusammen. Darüber gehört zu allen Bereichen der menschlichen Geschöpflichkeit, zum Lebensraum, den Lebensmitteln, der Arbeit, der Gemeinschaft eine geistige Betätigung, ein Nachdenken, ein Besinnen. Sie wird im Alten Testament Weisheit genannt.

Claus Westermann, Theologie des Alten Testaments in Grundzügen, ATD Ergänzungsreihe 6, Vandenhoeck & Ruprecht, Göttingen, 1978, 83f.

13 Begrenzt und Grenzen überschreitend

Die Begrenztheit des Menschen

Wenn man vom Menschen als Gottes Geschöpf redet, kann man nicht nur von den Gaben des Schöpfers an dieses Geschöpf, man muß zugleich von den Grenzen reden, die dem Menschen als Geschöpf gesetzt sind. Im Segen erhält der Mensch von seinem Schöpfer die Kraft der Fortpflanzung; sie schließt aber ein, daß der Mensch in einen kurzen Daseinsbogen gebunden ist. Er existiert als Mensch nur in dem Bogen, der von der Geburt zum Tod führt. Die Kraft der Fortpflanzung, also der Segen, setzt den Tod voraus. Menschen müssen sterben, damit Menschen leben können.

Diese Begrenztheit hat eine für das Menschenverständnis des Alten Testaments wichtige Folge. Das Menschenleben ist nach dem Alten Testament keine gerade Strecke, es ist ein Bogen, ein Bogen, der von der Geburt aufsteigt und zum Tod absteigt. Alles verallgemeinernde Reden vom Menschen, das so tut, als sei der Mensch von seiner Geburt bis zu seinem Tod in allem derselbe Mensch, ist fragwürdig. Jede philosophische und jede theologische Anthropologie, die mit dem Menschenleben als einer geraden Strecke rechnet, ist verfehlt. Jeder Mensch vielmehr lebt in einem Spannungsfeld, das von zwei Polen bestimmt ist. Der Tod ragt vom anderen Ende seines Lebens her als eine Kraft in sein Dasein hinein. Die Macht des Todes ist in das Leben hineinragende Macht, wie das Gen. 3,14—19 schildert. Nicht nur im Altern, auch in den Krankheiten, den Schmerzen, den Ängsten, der Verzweiflung, Einsamkeit, Resignation ragt die Macht des Todes in das Leben hinein. Der Mensch ist begrenzt.

Claus Westermann, Theologie des Alten Testaments in Grundzügen, ATD Ergänzungsreihe 6, Vandenhoeck & Ruprecht, Göttingen, 1978, 82—83

Der Mensch — ein Sünder

Was mit Sünde gemeint ist, finden wir bildhaft dargestellt in der Urgeschichte am Anfang des *Alten Testaments* (1 Mose 1—11). Jeder denkt hier zuerst an die Erzählung vom »Sündenfall« 1 Mose 3. Der Verfasser stellt dar, wie der Mensch die ihm von Gott gesetzte Grenze überschreitet, sich bloßgestellt sieht, sich versteckt und die Schuld auf den anderen schiebt. Dieses Abschieben der Schuld zeigt den asozialen Charakter der Sünde, der im Brudermord besonders deutlich wird. Die Erzählung vom »Sündenfall« hat sich so eingeprägt, daß viele meinen, dies sei alles, was die Bibel zum Thema »Sünde« zu sagen habe. Aber die Urgeschichte berichtet von insgesamt vier *Grenzüberschreitungen:*

☐ der einzelne Mensch übertritt Gottes Gebot, weil er kein Vertrauen zu seinem Schöpfer hat und dem Wort, das ihm Gott gegeben hat, mißtraut (Eva und Adam hören auf die Schlange und essen von der verbotenen Frucht, 1 Mose 3).

☐ der einzelne Mensch vergeht sich gegen seinen Mitmenschen. Er kann nicht glauben, daß er ebenso von Gott geliebt wird wie der andere; seine Eifersucht hat tödliche Wirkung (Kain erschlägt seinen Bruder Abel, 1 Mose 4).

☐ die Menschheit wird maßlos; sie begnügt sich nicht mit dem Menschen, wie er aus Gottes Hand hervorgegangen ist; sie will übermenschlich werden (Vermählung von Menschen und Engelwesen 1 Mose 6,1—4).

☐ die Menschheit mißbraucht ihre technischen Möglichkeiten aus Herrschsucht und Angst heraus (Turmbau zu Babel, 1 Mose 11,1—9).

Isoliert man die Sündenfall-Geschichte von diesem Zusammenhang, dann kommt dabei ein Sündenverständnis heraus, das auf den einzelnen zugeschnitten ist. Erst die drei anderen Geschichten zeigen die soziale Dimension der Sünde. Man kann an dem Weg von der Übertretung des Gebotes Gottes durch Adam und Eva bis hin zum Turmbau zu Babel sehen, wie das gestörte Verhältnis zu Gott sich auf alle Bereiche des Lebens auswirkt und wie die Sünde zunimmt.

Wichtig sind für unseren Zusammenhang folgende Erkenntnisse, die aus den *Urgeschichten* der Bibel abgeleitet werden können:

☐ Nach biblischer Auffassung ist die Wurzel der Schuld die »Sünde« (Einzahl!). Die *gestörte Beziehung des Menschen zu Gott* ist gestört durch die Auflehnung, Selbstüberhebung und Eigenmächtigkeit des Menschen. Der Mensch, der im Gegenüber zu Gott durchaus selbständig sein und Gottes Liebe in Freiheit erwidern soll, sondert sich von Gott ab, macht sich zum Maß aller Dinge und will sein Leben nicht im Glauben aus Gottes Hand nehmen.

☐ Adam, der in der Erzählung als konkreter Mensch dargestellt ist, steht als Symbol für das Kollektiv »Mensch«. *In »Adam« haben wir alle gesündigt* (Röm 5,12 ff.). In unserem konkreten Sündigen vollzieht sich ständig neu der Sündenfall.

☐ Es gibt *kein Leben ohne Schuld;* die Schuld ist unausweichlich geworden.

☐ Aus der Sünde, der Absonderung von Gott, kommt es zu *den Sünden,* zu Haß, Neid, Mord, Raub, Lieblosigkeit, Selbstzerstörung usw., von denen die Geschichte der Menschheit erfüllt ist.

☐ Der Mensch befindet sich außerhalb des Paradieses, in der Fremde, das heißt in einem Zustand tiefer »*Entfremdung*« (Tillich): Er ist Gott entlaufen und »fremd« geworden, und damit wird er auch sich selbst undurchsichtig und fremd. Er ist entfremdet von sich selbst, vom Nächsten, von der Gemeinschaft, von seinem Werk, von der ihn tragenden »Mutter Erde«, die er zerstört. Es ist die Tragik gerade seiner höchsten Bemühungen um Wandlung und Veränderung, daß sie neue Entfremdung und neues Unheil bewirken. Am Ende steht die äußerste Entfremdung: der Tod.

Evangelischer Erwachsenenkatechismus, Gütersloher Verlagshaus Gerd Mohn, Gütersloh, 1975, 257 f.

14 Verloren und doch angenommen

Sacherklärungen zu Lukas 15

1. Pharisäer Der Name heißt übersetzt: die Abgesonderten. Die Pharisäer waren davon überzeugt, daß nur der Messias Befreiung von Fremdherrschaft bringen kann. Gott wird aber den Messias erst schicken, wenn alle Juden die Gesetze der Thora genau einhalten. Sie verlangten deshalb von sich selbst und anderen strikten Gehorsam gegenüber der Thora und ihrer rabbinischen Auslegung. Ihr Gehorsam führte zu großem Ansehen im jüdischen Volk.

2. Erbrecht Nach damaligem Recht war ein Hof Familienbesitz und stand als Erbe dem ältesten Sohn zu. Der Erbanspruch des Jüngeren erstreckte sich nur auf das verfügbare Vermögen – und zwar auf ein Drittel davon; zwei Drittel des verfügbaren Vermögens standen wiederum dem Ältesten zu (vgl. Dtn 21,17). Die Abfindung des Jüngeren – vor dem Tod des Vaters – war nichts Außergewöhnliches.

3. Auswanderung in die Fremde Zur Zeit Jesu lebten in Palästina nicht mehr als eine halbe Million Juden, vier Millionen Juden dagegen lebten in der Diaspora. Da Palästina das Volk Israel nicht ernähren konnte, wanderten viele aus. Wer es zu etwas bringen wollte, hatte in den Hafenstädten der Levante bessere Möglichkeiten.

4. Sich Verdingen bei einem Bürger des fremden Landes Für einen strenggläubigen Juden bedeutete dies den Abfall von dem Glauben der Väter, denn bei dem Bürger des fremden Landes, des Heidenlandes, gab es keinen Sabbat, kein rituelles Essen usw. Als Jude hätte er bei einer jüdischen Gemeinde um Hilfe und Arbeit bitten sollen.

5. Schweine hüten Ein jüdischer Spruch lautet: »Verflucht sei der Mann der Schweine züchtet!« Denn er muß sich ja mit unreinen Tieren abgeben (vgl. Lev 11,7)

6. Essen der Schoten des Johannisbrotbaumes Diese werden von dem Menschen nur in äußerster Not gegessen. Ein jüdisches Sprichwort sagt: »Wenn die Israeliten Johannisbrot nötig haben, dann kehren sie (zu Gott) um.«

7. Gesten der Ehren und Bevollmächtigung Der Kuß auf die Wange gilt dem Gleichstehenden. Der Knecht, der Sklave küßt die Füße und wirft sich dabei nieder. Auch der Kuß auf die Hand zeigt, daß man den Geküßten als Höheren verehrt.
Das Festgewand zeichnet den Ehrengast aus.
Der Siegelring bedeutet Vollmachtsübertragung.
Schuhe sind ein Luxus. Nur der freie Mann trägt sie, nicht der Sklave.
Das Schlachten des gemästeten Kalbes bedeutet ein Freudenfest für Haus und Gesinde und die feierliche Aufnahme des heimkehrenden Sohnes.
Überdies: Auch wenn er es noch so eilig hat, ist es für den Orientalen unter seiner Würde, dem Sohn entgegenzugehen.

Der Vater und seine zwei Söhne (Lukas 15)

Eines Tages waren zahlreiche Zolleinnehmer und andere, die einen ebenso schlechten Ruf hatten, zu Jesus gekommen und wollten ihn hören. Die Pharisäer und Gesetzeslehrer waren ärgerlich darüber und sagten: »Er läßt das Gesindel zu sich! Er ißt sogar mit ihnen!« ... Da erzählte ihnen Jesus ein Gleichnis: »Ein Mann hatte zwei Söhne. Der jüngere sagte zu seinem Vater: ›Gib mir den Teil der Erbschaft, der mir zusteht!‹ Da teilte der Vater seinen Besitz unter die beiden auf. Nach ein paar Tagen machte der jüngere Sohn seinen ganzen Anteil zu Geld und zog in die Fremde. Dort lebte er in Saus und Braus und verjubelte alles. Als er nichts mehr hatte, brach in jenem Land eine große Hungersnot aus; da ging es ihm schlecht. Er fand schließlich Arbeit bei einem Bürger jenes Landes, der schickte ihn zum Schweinehüten aufs Feld. Er war so hungrig, daß er auch mit dem Schweinefutter zufrieden gewesen wäre; aber selbst das verwehrte man ihm. Endlich ging er in sich und sagte sich: ›Die Arbeiter meines Vaters bekommen mehr, als sie essen können, und ich werde hier noch vor Hunger umkommen. Ich will zu meinem Vater gehen und zu ihm sagen: Vater, ich bin vor Gott und vor dir schuldig geworden; ich verdiene es nicht mehr, dein Sohn zu sein. Laß mich als einfachen Arbeiter bei dir bleiben!‹
So machte er sich auf den Weg zu seinem Vater. Der sah ihn schon von weitem kommen, und voller Mitleid lief er ihm entgegen, fiel ihm um den Hals und küßte ihn. ›Vater‹, sagte der Sohn, ›ich bin vor Gott und vor dir schuldig geworden, ich verdiene es nicht mehr, dein Sohn zu sein!‹ Aber der Vater rief seine Diener: ›Schnell, holt das beste Kleid für ihn, steckt ihm einen Ring an den Finger und bringt ihm Schuhe. Holt das Mastkalb und schlachtet es. Wir wollen ein Fest feiern und uns freuen! Mein Sohn hier war tot, jetzt lebt er wieder. Er war verloren, jetzt ist er wiedergefunden.‹ Und sie begannen zu feiern.
Der ältere Sohn war noch auf dem Feld. Als er zurückkam und sich dem Haus näherte, hörte er das Singen und Tanzen. Er rief einen der Diener herbei und fragte, was denn da los sei. Der sagte: ›Dein Bruder ist zurückgekommen, und dein Vater hat das Mastkalb schlachten lassen, weil er ihn gesund wieder hat.‹ Da wurde der ältere Bruder zornig und wollte nicht ins Haus gehen. Schließlich kam der Vater heraus und redete ihm gut zu. Aber der Sohn sagte zu ihm: ›Du weißt doch: all die Jahre habe ich wie ein Sklave für dich geschuftet, nie war ich dir ungehorsam. Was habe ich dafür bekommen? Mir hast du nie auch nur einen Ziegenbock gegeben, damit ich mit meinen Freunden feiern konnte. Aber der da, dein Sohn, hat dein Geld mit Nutten durchgebracht; und jetzt kommt er nach Hause, da schlachtest du gleich das Mastkalb für ihn.‹ ›Mein Sohn‹, sagte da der Vater, ›du bist immer bei mir, und dir gehört alles, was ich habe. Wir konnten doch gar nicht anders als feiern und uns freuen. Denn dein Bruder war tot, jetzt ist er wieder am Leben! Er war verloren, aber jetzt ist er wiedergefunden!‹«

Walter Habdank, Heimkehr des Sohnes
in: Ambrosius Karl Ruf, Walter Habdank, In Erwartung, Herder, Freiburg, Basel, Wien, 1979, 46

Jesus und Zachäus (Lukas 19)

Jesus kam nach Jericho und zog durch die Stadt. Dort lebte ein Mann namens Zachäus. Er war der oberste Zolleinnehmer und war sehr reich. Er wollte unbedingt sehen, wer dieser Jesus sei. Aber er war klein, und die Menschenmenge versperrte ihm die Sicht. So lief er voraus und kletterte auf einen Maulbeerbaum, um Jesus sehen zu können, wenn er vorbeizog. Als Jesus an die Stelle kam, schaute er hinauf und redete ihn an: »Zachäus, steig schnell herunter, ich muß heute dein Gast sein!« Zachäus stieg sofort vom Baum und nahm Jesus mit großer Freude bei sich auf.

Alle waren entrüstet, weil Jesus bei einem so schlechten Menschen einkehren wollte. Aber Zachäus wandte sich an den Herrn und sagte zu ihm: »Herr, ich verspreche dir, ich werde die Hälfte meines Besitzes den Armen geben. Und wenn ich jemand betrogen habe, so will ich ihm das Vierfache zurückgeben.« Da sagte Jesus zu ihm: »Heute hat Gott dich mit deiner ganzen Familie angenommen. Auch du bist ja ein Nachkomme Abrahams. Der Menschensohn ist gekommen, um die Verlorenen zu suchen und zu retten.«   *Die Gute Nachricht*

Sacherklärung zu Lukas 19

1. Jericho Stadt in der Jordanebene, Knotenpunkt verschiedener Straßen, beherrschte lagemäßig den Übergang zwischen dem Ost- und Westjordanland, war daher ein wichtiger und einträglicher Zollplatz. Die Pachtsumme war sicher hoch.

2. Römisches Zollwesen Die Eingangs-, Ausgangs- und Durchgangszölle wurden in römischen Provinzen an Meistbietende verpachtet. Der jährliche Pachtzins war fest, was darüber eingenommen wurde, blieb Besitz des Pächters, der die Höhe der Abgaben willkürlich festlegte und im Eintreiben an keine Vorschriften gebunden war. Jüdische Zolleinnehmer galten als »unrein«, d. h. nicht zu Gott gehörig, da sie mit Heiden, den Römern, zusammenarbeiteten.

3. Wiedergutmachung an Geschädigten Im jüdischen Gesetz war genau festgelegt, wie Diebstahl oder Übervorteilung an den Geschädigten wiedergutgemacht werden konnte. Den Geschädigten mußte die Schadenssumme zuzüglich ein Fünftel dieser Summe rückerstattet werden. Wer diesen Forderungen entsprach, konnte damit seine Schuld tilgen und wurde wieder gemeinschaftsfähig.

4. Sohn Abrahams »Abrahams Söhne« – mit diesem Namen wurde ausgedrückt, daß derjenige, der zu Israel gehört, dem erwählten Volk angehört.

Wir sind hier, weil es letztlich kein entrinnen von uns selbst gibt.
Solange der mensch sich nicht selbst in den augen und herzen seiner mitmenschen begegnet, ist er auf der flucht.
Solange er nicht zuläßt, daß seine mitmenschen an seinem innersten teilhaben, gibt es für ihn keine geborgenheit.
Solange er sich fürchtet, durchschaut zu werden, kann er weder sich selbst noch andere erkennen – er wird allein sein.
Wo können wir solch einen spiegel finden, wenn nicht in unseren nächsten.
Hier in der gemeinschaft kann ein mensch erst richtig klar über sich werden und sich nicht mehr als den riesen seiner träume oder den zwerg seiner ängste sehen, sondern als mensch, der – teil eines ganzen – zu ihrem wohl seinen beitrag leistet. In solchem boden können wir wurzeln schlagen und wachsen; nicht mehr allein – wie im tod – sondern lebendig als mensch unter menschen.

Dieser kurze Text wird jedem Patienten in die Hand gegeben, der in die Psychosomatische Klinik Kinzigtal in Herrenalb aufgenommen wird. Er soll ihm helfen, in der neuen Umgebung besser mit sich selbst und anderen zurecht zu kommen.

Heimkehr

Ich bin zurückgekehrt, ich habe den Flur durchschritten und blicke mich um. Es ist meines Vaters alter Hof. Die Pfütze in der Mitte. Altes, unbrauchbares Gerät, ineinanderverfahren, verstellt den Weg zur Bodentreppe. Die Katze lauert auf dem Geländer. Ein zerrissenes Tuch, einmal im Spiel um eine Stange gewunden, hebt sich im Wind. Ich bin angekommen. Wer wird mich empfangen? Wer wartet hinter der Tür der Küche? Rauch kommt aus dem Schornstein, der Kaffee zum Abendessen wird gekocht. Ist dir heimlich, fühlst du dich zu Hause? Ich weiß es nicht, ich bin sehr unsicher. Meines Vaters Haus ist es, aber kalt steht Stück neben Stück, als wäre jedes mit seinen eigenen Angelegenheiten beschäftigt, die ich teils vergessen habe, teils niemals kannte. Was kann ich ihnen nützen, was bin ich ihnen und sei ich auch des Vaters, des alten Landwirts Sohn. Und ich wage nicht, an der Küchentür zu klopfen, nur von der Ferne horche ich, nur von der Ferne horche ich stehend, nicht so, daß ich als Horcher überrascht werden könnte. Und weil ich von der Ferne horche, erhorche ich nichts, nur einen leichten Uhrenschlag höre ich oder glaube ihn vielleicht nur zu hören, herüber aus den Kindertagen. Was sonst in der Küche geschieht, ist das Geheimnis der dort Sitzenden, das sie vor mir wahren. Je länger man vor der Tür zögert, desto fremder wird man. Wie wäre es, wenn jetzt jemand die Tür öffnete und mich etwas fragte. Wäre ich dann nicht selbst wie einer, der sein Geheimnis wahren will.

Franz Kafka, Heimkehr, in: Die Erzählungen, hrsg. von Klaus Wagenbach, S. Fischer Verlag, Frankfurt a. M., 1961, 327

Kafkas Leben (1883–1924) und Schreiben war bestimmt von der Auseinandersetzung mit seinem tyrannischen Vater, dem er zeit seines Lebens wehrlos und ohnmächtig gegenüberstand. In diesem Zusammenhang muß auch die »Heimkehr« gelesen werden.

15 Schwach und doch stark

Paulus (2. Korinther 4,7–18)

Ich bin nur ein zerbrechliches Gefäß für einen so kostbaren Inhalt. Man soll ganz deutlich sehen, daß die übermenschliche Kraft von Gott kommt und nicht von mir. Obwohl ich von allen Seiten bedrängt bin, werde ich nicht erdrückt. Obwohl ich oft nicht mehr weiter weiß, verliere ich nicht den Mut. Ich werde verfolgt, aber Gott verläßt mich nicht. Ich werde niedergeworfen, aber ich komme wieder auf. Ich erleide fortwährend das Sterben Jesu an meinem eigenen Leib. Aber das geschieht, damit auch das Leben, zu dem Jesus erweckt wurde, an mir sichtbar werden kann. Um Jesu willen bin ich die ganze Zeit in Todesgefahr. Ebenso soll auch das Leben Jesu an meinem vergänglichen Körper sichtbar werden. Ich bin dem Tod ausgeliefert; aber euch wird dafür das Leben geschenkt.

In den heiligen Schriften heißt es: »Weil ich auf Gottes Macht vertraue, darum rede ich.« Das gilt auch für mich. Weil ich Gottes Macht kenne, lasse ich nicht davon ab, seine Gute Nachricht zu verkünden. Gott hat Jesus vom Tod erweckt, und ich weiß, daß er mich genauso wie Jesus lebendig machen und zusammen mit euch vor seinen Thron stellen wird. Ich tue das alles ja nur euretwegen. Überall soll die Gnade Gottes bekanntgemacht werden, damit immer mehr Menschen Gott danken und ihm die Ehre geben.

Darum verliere ich nicht den Mut. Mein natürliches Leben geht zugrunde. Aber das Leben, das Gott mir schenkt, erneuert sich jeden Tag. Die Leiden, die ich jetzt ertragen muß, wiegen nicht schwer und gehen vorüber. Sie werden mir eine Herrlichkeit bringen, die alle Vorstellungen übersteigt und kein Ende hat. Ich baue nicht auf das, was man sieht, sondern auf das, was jetzt noch keiner sehen kann. Denn was wir jetzt sehen, besteht nur eine gewisse Zeit. Das Unsichtbare aber besteht ewig.

Die Gute Nachricht

Zur Erläuterung

Im 2. Korintherbrief wendet sich Paulus gegen zwei Fronten. Zum einen gegen die »korinthischen Überapostel«, die in der Gemeinde in Korinth einen großen Einfluß gewonnen hatten. Sie glaubten, die Auferstehung schon hinter sich zu haben und wähnten sich im Besitz des Geistes Christi. Ihre Freiheit kannte keine Grenzen, sie rühmten sich ihrer geistgewirkten Taten und konnten auf »Empfehlungsschreiben« anderer Gemeinden verweisen. Sie bestritten ihm darum auch die Echtheit seiner Sendung und belegten dies mit seinem schwächlichen Auftreten und seinen sichtbaren Gebrechen. Zum anderen wandte sich Paulus gegen umherziehende stoische Volksredner. Sie rühmten sich als wahrhaft »Weise« und begründeten dies mit ihrer unerschütterlichen Gelassenheit im Ertragen von Schicksalsschlägen und von Leidenserfahrungen. Sie konnten einen ganzen Katalog solcher Erfahrungen aufzählen, um zu demonstrieren, daß diese keine Macht über sie hätten. Für sie ist der Mensch wahrhaft frei, wenn er im Rückzug auf sein Eigenstes über sich selbst verfügt.

Nicht das Leben,
das vom Tod absieht,
ist das wahre Leben,
sondern jenes Leben,
das den Tod stets gegenwärtig hat.

Nicht jene Gesundheit,
die keine Krankheit kennt,
ist die wahre Gesundheit,
sondern jene Gesundheit,
die mit der Krankheit lebt.

Und schließlich
nicht das Tun,
welches vom Leiden absieht,
ist das wahre Tun,
sondern jenes Tun,
welches das Leiden in sich aufgenommen hat.

Wolfgang Sternstein

Betrachtungen zu Karfreitag

Liebe, so wissen wir es als Christen, ist nicht ohne den Schmerz der Untreue und des Versagens. Und davon spricht ja auch [der] Vers aus dem Epheserbrief: »In seiner Liebe hat Gott uns im voraus dazu bestimmt, seine Kinder zu sein – durch Jesus Christus.« Jesus Christus, das ist der, der Liebe predigte und Liebe lebte, der zu den Ausgestoßenen ging und den Verzweifelten zum Trost wurde. Aber das ist auch der, den der Haß der Lieblosen und Selbstgerechten traf, der rettungslos zu Tode gequält wurde und mit dem Schrei der Verzweiflung starb. Dieser Schrei der Verstümmelten und Zerstörten, der durch die ganze Geschichte, auch durch die Geschichte des Christentums hallt, ist der Grund für den Gotteszweifel des Dichters Camus und aller rechtschaffenen Atheisten. Wie kann eine solche Welt der Zerstörung, eine solche Welt der Folter, der Napalm- und Atombomben, der rücksichtslosen Ausrottung und Ausbeutung des Lebens, des mitleidlosen Hungernlassens von Hunderttausenden von Kindern, wie kann eine solche Welt auf die Liebe Gottes zurückgeführt werden?

Camus hat sich mit dem Tod des Menschen und mit der menschlichen Ohnmacht gegenüber dem Tod nicht abfinden können. In seinem berühmten Roman »Die Pest« schildert er das epidemiehafte Umsichgreifen des Todes als das vom Menschen zu tragende Schicksal, das die meisten verdrängen und dem die meisten unterliegen. Aber zwischen denen, die da verdrängen und fliehen, gibt es die wenigen, die sich mit dem Tod und der Ohnmacht des Menschen vor dem Tod *nicht* abfinden, die zu retten versuchen, was zu retten ist, die zu heilen versuchen, was krank ist, die sich gegen die Zerstörung stemmen und dann doch darin umkommen müssen. Camus hält es nicht für möglich, in dieser Situation einer Mühsal ohne Ende an Gott zu glauben. »Den Menschen muß man retten, wenn man die Vorstellung retten will, die man sich vom Leben macht.«

Der Schrei am Kreuz der Todesqual, so haben wir gesagt, ist der Grund für den Gotteszweifel. Aber in diesem Schrei lebt auch das Festhalten und das Sich-wieder-Festmachen an Gott. »Mein Gott, warum hast du mich verlassen?« Und die Menschen unter dem Kreuz haben trotz ihrer vom Schmerz zerrissenen Hoffnungen zu ahnen begonnen: daß Heil für den Menschen nur dort sein kann, wo der Mensch sich bei seiner Verdrängung des Todes behaften läßt, daß Zuversicht nur zu keimen beginnt, wo die menschliche Hybris, unsterblich wie Gott sein zu wollen, endgültig zerbricht, daß Liebe gegen die Zerstörung nur aufzustehen vermag, wenn man sie wie ein Kind empfängt. Kindsein und Sohnsein um den Preis des Wachsens und des Vergehens – diese Erfahrung war es, die aus Karfreitag Ostern werden ließ.

Wer seine Sterblichkeit akzeptiert und sein Sein zum Tode nicht verdrängt, der macht die unerwartete Erfahrung, daß diese Erkenntnis nicht in die Verzweiflung stößt, sondern befreit vom Wahn des Selbstseinwollens und zurückführt in die Urerfahrung des Menschen: Kind zu sein in der dem Menschen gesetzten Spanne zwischen Werden und Vergehen. Der Schrei am Kreuz der Todesqual eröffnet für den, der dieses Kreuz auf sich zu nehmen vermag, aber auch die unerwartete Freiheit, in den tausend Krisen des Lebens und in der letzten Krise, die vom Leben zum Tode führt, nicht zu verzweifeln, denn dieses Sterben führt wie alles, was an Lebenskrisen davor lag, zu dem, der das Leben gab. Und es ist für die, die diese Erfahrung schon mitten im Leben gemacht haben, ganz unwichtig, sich auszumalen und vorzustellen, wie es nach dem Leben sein wird.

Wissen denn Kinder in ihren Ängsten und Schmerzen mehr, als daß sie sich in den Schoß der Liebe zurückfallen lassen können? Und Jesus knüpft daran unmittelbar an, wenn er seine Jünger mahnt: »Wenn ihr nicht werdet wie die Kinder…«

Es klingt in Camus' leidenschaftlichem Aufbegehren gegen das Schicksal des Todes sehr vieles von dem an, was uns als Christen zur Bewahrung des Lebens in Frieden, Liebe und Gerechtigkeit als Aufgabe mit auf den Weg gegeben ist. Aber wir dürfen und wollen Camus nicht christlich vereinnahmen. Wir sind von ihm an der einen entscheidenden Stelle weit entfernt, an der er nicht nur gegen den von der menschlichen Hybris verschuldeten Tod, sondern auch gegen die dem Menschen als Geschöpf Gottes zukommende Sterblichkeit protestiert. Wo einer wie Camus alles auf den Menschen und nur auf den Menschen stellt, da muß dies der tiefste Schmerz bleiben. Camus trägt Lasten, die uns als Christen abgenommen sind. Um so bewundernswürdiger ist es, daß Camus dennoch die Kraft hat, ein Bote der Humanität zu bleiben, und nicht resigniert oder zynisch wird. Welche Beschämung für uns Christen!

Günter Altner, Leidenschaft für das Ganze, Kreuz Verlag Stuttgart, Berlin, 1980, 170–172

Die Zeichnung »Mein Gott, mein Gott, warum hast du mich verlassen?« ist einem Zyklus von 60 Kohlezeichnungen zum Thema »Passion« entnommen. Diesen Zyklus schuf Otto Pankok in den Jahren 1933 und 1934 unter dem Eindruck des faschistischen Terrors gegen die Juden in Deutschland. In diesen Jahren des Schreckens und des Leidens gewinnt für Pankok wie auch für andere Künstler die Person des jüdischen (!) Christus und seine Leidensgeschichte eine besondere Bedeutung.
Pankok schreibt dazu:
»Wie in diesem Leben Jesu und diesen grausigen schwarzen Stunden der Folter und des Todes, so wirkt es weiter durch die Jahrhunderte. Jesus blieb lebendig. Er siegte und unterlag, und er siegte wieder und unterlag wieder, in jedem Jahrhundert, in jedem Volk, in jedem einzelnen. Die Menschen müssen immer aufs neue mit ihm ringen. Er war und ist und wird sein. Er hat die Hand an die Wunde gelegt: ist Gott oder ist das Tier des Menschen Ebenbild? In jedem drängt diese Frage zur Entscheidung. Aber schon in der Frage liegt die Entscheidung zur Liebe, zur unerschütterlichen Anständigkeit, zur »von Natur aus christlichen Seele«. Es ist die Entscheidung in dem modernsten und aktuellsten aller Probleme. Es ist die Stellungnahme im Kampf gegen alles, was das Leben gemein, sinnlos und eng macht.«
(Aus Vorwort zu Otto Pankok, Passion, 1936)

Otto Pankok, »Mein Gott, mein Gott, warum hast Du mich verlassen?«
Aus dem Zyklus »Die Passion«, 1933, Kohlezeichnung

16 Frei und doch gebunden – gebunden und doch frei

Luther schrieb seine berühmte Schrift »Von der Freiheit eines Christenmenschen« 1520 als Beilage zu dem »Sendbrieflein an Leo X«. Papst Leo X hatte im selben Jahr die Bannandrohungsbulle gegen Luther veröffentlicht und ihn aufgefordert, innerhalb 60 Tagen seine reformatorische Lehre zu widerrufen. In dem Begleitbrief versichert Luther dem Papst seine persönliche Achtung, er bedauerte ihn aber zugleich als »Schaf unter Wölfen«. Seine Lehre könne er jedoch nicht widerrufen, »dieweil das Wort Gottes, das alle Freiheit lehrt, nicht soll und muß gefangen sein«.
Die beigefügte Schrift »Von der Freiheit eines Christenmenschen« verstand Luther als Zusammenfassung seiner reformatorischen Lehre und als Ertrag seiner persönlichen Entwicklung: »Es ist ein kleines Büchlein, aber doch die ganze Summe eines christlichen Lebens darin begriffen.«

Diese Lebenserkenntnis faßt Luther in der Doppelthese des 1. Kapitels zusammen:

Ein Christenmensch ist ein freier Herr aller Dinge und niemand untertan.

Ein Christenmensch ist ein dienstbarer Knecht aller Dinge und jedermann untertan.

Es sind vor allem zwei Erkenntnisse, die Luther bei seiner Suche nach einem »wahren Menschsein« gewonnen hatte:

☐ Wahres christliches Leben ist nicht an einen irdischen Stand gebunden, denn vor Gott sind »alle Christen wahrhaft geistlichen Standes«.
☐ Die »Seligkeit« bedarf keiner Vermittlung durch einen Priester oder eine menschliche Satzung, da die »Seele« unmittelbar zu Gott steht. In Glaubensdingen gilt allein das Wort Gottes, das jeder verstehen und auslegen kann.

Von daher bestimmt Luther das Dasein des Menschen einmal als Beziehung zu Gott bzw. Gottes Wort (Seele), zum andern zum irdischen Leben bzw. zur Welt (Leib). Wer oder was der Mensch ist, was seine Freiheit und was seine Unfreiheit ist, entscheidet sich in der Beziehung zu Gott, in der Antwort auf Gottes Wort, die jeder Mensch zu geben hat. Diese Antwort, der Glaube, bleibt jedoch nicht »weltlos«, sie äußert sich in der Beziehung zur Welt, in den »Werken«.

Von der Freiheit eines Christenmenschen (1520)

Erstens. Damit wir von Grund aus erkennen mögen, was ein Christenmensch ist und wie es mit der Freiheit bestellt ist, die ihm Christus erworben und gegeben hat (wovon S. Paulus so viel schreibt), will ich folgende zwei Sätze aufstellen:
Ein Christenmensch ist ein freier Herr über alle Dinge und niemand untertan.
Ein Christenmensch ist ein dienstbarer Knecht aller Dinge und jedermann untertan.
(1 Kor 9,19; Rö 13,8; Gal 4,4)

Zweitens. Um diese zwei sich widersprechenden Sätze von der Freiheit und der Dienstbarkeit zu erfassen, müssen wir daran denken, daß ein jeder Christ zweierlei Naturen an sich hat: eine geistliche und eine leibliche. Im Blick auf die Seele wird er ein geistlicher, neuer, innerlicher Mensch genannt; im Blick auf Fleisch und Blut wird er ein leiblicher, alter und äußerlicher Mensch genannt. Und um dieses Unterschiedes willen wird von ihm in der Schrift gesagt, was sich geradezu widerspricht, wie ich soeben von der Freiheit und der Dienstbarkeit gesprochen habe.

Drittens. Nun nehmen wir uns den inwendigen, geistlichen Menschen vor, um zu sehen, was dazu gehört, daß er ein rechter, freier Christenmensch sei und heiße. Hier ist's offenbar, daß kein äußerliches Ding ihn frei und gerecht machen kann, wie immer es auch heißen mag. Denn sein Rechtsein und seine Freiheit, und umgekehrt auch sein Bösesein und seine Gefangenschaft sind nicht von leiblicher und äußerlicher Art. Was hilft es der Seele, wenn der

Leib ungefangen, frisch und gesund ist, ißt, trinkt, lebt, wie er will? Umgekehrt, was schadet das der Seele, wenn der Leib gefangen, schwach und matt ist, hungert, dürstet und leidet, wie er's nicht gerne wollte? Von diesen Dingen reicht keines bis an die Seele, um sie zu befreien oder zu fangen, um sie gerecht oder böse zu machen.

Viertens. Ebenso hilft es der Seele nichts, wenn der Leib heilige Kleider anlegt, wie es die Priester und Geistlichen tun; auch nichts, wenn er in den Kirchen oder an heiligen Stätten weilt; auch nichts, wenn er mit heiligen Dingen umgeht; auch nichts, wenn er leiblich betet, fastet, Wallfahrten macht und alle guten Werke tut, die je einmal mit und in dem Leibe getan werden könnten...

Fünftens. Es hat die Seele nichts anderes, weder im Himmel noch auf Erden, worin sie lebt und worin sie gerecht, frei und Christ ist, als das heilige Evangelium, das Wort Gottes, von Christus gepredigt... Wenn sie aber das Wort hat, so braucht sie auch nichts anderes mehr, sondern sie hat an dem Wort Genüge, Speise, Freude, Frieden, Licht, Können, Gerechtigkeit, Wahrheit, Weisheit, Freiheit, und alles Gute überschwenglich.

Sechstens. Fragst du aber: Welches ist denn das Wort, das so große Gnade gibt, und wie soll ich es gebrauchen? Antwort: Es ist nichts anderes als die Predigt, die von Christus ergangen ist, wie sie das Evangelium enthält. Sie soll so sein und sie ist auch so, daß du deinen Gott zu dir reden hörst darüber, daß all dein Leben und deine Werke nichts sind vor Gott, daß du vielmehr mit all dem, was in dir ist, ewiglich verderben mußt...

Damit du aber aus dir heraus und von dir wegkommen mögest (d. h. aus deinem Verderben heraus), stellt er seinen lieben Sohn Jesus Christus vor dich hin und läßt dir durch seine lebendiges, tröstliches Wort sagen: »Du sollst dich ihm mit festem Glauben ergeben und keck auf ihn vertrauen; dann sollen dir um dieses Glaubens willen alle deine Sünden vergeben, all dein verderbtes Wesen überwunden sein, und du sollst gerecht, wahrhaftig, befriedet, rechtschaffen sein; alle Gebote sollen erfüllt sein, und du sollst von allen Dingen frei sein.
(Rö 1,17; Rö 10,4)

Zehntens... Nur das Wort und der Glaube regieren in der Seele. Die Art, die das Wort hat, nimmt auch die Seele von ihm an, gleichwie das Eisen glutrot wird wie das Feuer dadurch, daß es sich mit dem Feuer vereinigt. So sehen wir, daß ein Christenmensch am Glauben genug hat; er bedarf keines Werks, um gerecht zu sein. Bedarf er denn keines Werks mehr, so ist er gewißlich von allen Geboten und Gesetzen entbunden; ist er davon entbunden, so ist er gewißlich frei. Das ist die christliche Freiheit: der Glaube allein. Er bewirkt nicht, daß wir in die Lage kämen, müßig zu gehen oder übelzutun, sondern daß wir keines Werks bedürfen, um die Gerechtigkeit und Seligkeit zu erlangen...

Zwölftens. Der Glaube gibt nicht bloß soviel, daß die Seele dem göttlichen Wort gleich wird, aller Gnade voll, frei und selig, sondern er vereinigt auch die Seele mit Christus wie eine Braut mit ihrem Bräutigam. Aus dieser Ehe folgt, wie S. Paulus (Eph 5,30) sagt, daß Christus und die Seele ein Leib werden; ebenso werden auch beider Güter, Glück und Unglück, wie überhaupt alle Dinge, gemeinsam. Das, was Christus hat, das ist Eigentum der gläubigen Seele; das, was die Seele hat, wird Christi Eigentum...

Fünfzehntens... Und zwar geht das so zu, daß ein Christenmensch durch den Glauben so hoch über alle Dinge erhaben wird, daß er in geistlicher Weise ein Herr über alle

Lucas Cranach d. J. (1515–1586), Abendmahl der Evangelischen und Höllensturz der Papisten, Holzschnitt, um 1540

wird; denn es kann ihm kein Ding an der Seligkeit schaden; ja es muß ihm alles untertan sein und zur Seligkeit helfen... Nicht daß wir die leibliche Macht über alle Dingen hätten, um sie in Besitz zu nehmen oder zu gebrauchen, wie es die Menschen auf Erden tun. Denn wir müssen dem Leibe nach sterben und niemand kann dem Tode entfliehen; ebenso müssen wir auch noch vielen anderen Dingen unterworfen sein, wie wir es an Christus und seinen Heiligen sehen. Denn hier handelt es sich um eine geistliche Herrschaft, die auch in Zeiten leiblicher Unterdrückung in Kraft ist, d.h. ich kann mich durch alle Dinge an meiner Seele bessern, so daß auch der Tod und das Leiden mir zur Seligkeit dienen und nützlich sein müssen. Das ist eine gar hohe, ehrenvolle Würde und eine wahrhaft über alles mächtige Herrschaft, ein geistliches Königtum. Denn kein Ding ist so gut, keins so böse, daß es mir nicht zum Guten dienen muß, wenn ich glaube; und doch brauche ich es nicht, sondern mein Glaube ist mir genug. Siehe, was ist das für eine kostbare Freiheit und Vollmacht der Christen!...

Sechzehntens. ... Nun kommen wir zum zweiten Teil, zum äußerlichen Menschen. Hier wollen wir allen denen Rede stehen, die an dem seither Ausgeführten Anstoß nehmen und zu sagen pflegen: »Ei, wenn denn der Glaube alles ist und allein schon als genügend gilt, um gerecht zu machen, warum sind dann die guten Werke geboten? Dann wollen wir guter Dinge sein und nichts tun!« Nein, lieber Mensch, so nicht! Es wäre wohl so, wenn du bloß ein innerlicher Mensch und ganz geistlich und innerlich geworden wärest; das aber ist nicht der Fall bis zum Jüngsten Tage. Es ist und bleibt auf Erden nur ein Anfangen und Zunehmen, das erst in jener Welt zur Vollendung kommt. ...
Hierher gehört darum das, was oben gesagt worden ist: »Ein Christenmensch ist ein dienstbarer Knecht und jedermann untertan«; d.h., soweit er frei ist, braucht er nichts zu tun, soweit er Knecht ist, muß er alles tun.

Zwanzigstens. Der Mensch ist zwar innerlich, in Beziehung auf die Seele durch den Glauben genugsam gerechtfertigt und hat schon alles, was er haben soll (abgesehen davon, daß dieser Glaube und dieses Genughaben immer mehr zunehmen muß bis in jenes Leben). Dabei bleibt er aber doch noch in diesem leiblichen Leben auf Erden und muß seinen eigenen Leib regieren und mit den Leuten umgehen. Da heben nun die Werke an: hier darf er nicht müßig gehen; da muß fürwahr der Leib durch Fasten, Wachen, Arbeiten und durch alle maßhaltende Zucht dazu angetrieben und geübt werden, dem innerlichen Menschen und dem Glauben gehorsam und gleichförmig zu werden, anstatt ihn zu hindern und ihm zu widerstreben, wie es seine Art ist, wenn er nicht gezwungen wird. Der innerliche Mensch ist ja mit Gott eins, fröhlich und lustvoll um Christi willen, der ihm so viel getan hat; und seine ganze Lust besteht darin, daß er seinerseits Gott auch umsonst dienen möchte in freiwilliger Liebe. Aber nun findet er in seinem Fleisch einen widerspenstigen Willen; der will der Welt dienen und das suchen, wonach es ihn gelüstet. Das kann der Glaube nicht dulden und er packt ihn mit Lust am Hals, um ihn zu dämpfen und ihm zu wehren. ...

Einundzwanzigstens. ...Nachdem die Seele durch den Glauben rein ist und Gott liebt, wollte sie gerne, daß alle Dinge auch ebenso rein wären, vor allem ihr eigener Leib, und daß jedermann mit ihr Gott liebte und lobte. So kommt es, daß der Mensch seines eigenen Leibes wegen nicht müßig gehen kann; er muß darob in viel guten Werken tätig sein, um ihn zu zwingen. Dabei sind jedoch die Werke nicht das recht Gut, durch welches er rechtschaffen und gerecht vor Gott ist. Vielmehr tue er sie aus freier Liebe umsonst, Gott zu Gefallen. ...

Sechsundzwanzigstens. ... Nun wollen wir von den weiteren Werken reden, die er andern Menschen gegenüber tut. Denn der Mensch lebt nicht bloß in seinem Leibe, sondern auch unter anderen Menschen auf Erden. Darum kann er ihnen gegenüber nicht ohne Werke sein; er muß jedenfalls mit ihnen zu reden und zu schaffen haben, obwohl ihm keines dieser Werke zur Gerechtigkeit und Seligkeit nötig ist. Darum soll seine Absicht bei allen Werken frei und nur darauf gerichtet sein, anderen Leuten damit zu dienen und nützlich zu sein; er soll sich nichts anderes vor Augen stellen, als was die andern nötig haben. Das heißt dann ein wahrhaftiges Christenleben, und da geht der Glaube mit Lust und Liebe ans Werk. ...

Dreißigstens. Aus dem allem folgt der Schluß, daß ein Christenmensch nicht in sich selbst lebt, sondern in Christus und in seinem Nächsten: in Christus durch den Glauben, im Nächsten durch die Liebe.
Sieh, das ist die rechte, geistliche, christliche Freiheit, die das Herz von allen Sünden, Gesetzen und Geboten frei macht. Sie überragt alle andere Freiheit wie der Himmel die Erde. Gott gebe uns, daß wir sie recht verstehen und festhalten! Amen.

Martin Luther, Ausgewählte Werke 1, Calwer Ausgabe, Stuttgart 1930, 319 ff., neu: GTB Siebenstern 402, 162 ff.

Was bleibt von der Rechtfertigungslehre im täglichen Leben?
Leistung frei vom Zwang

Leistungskritik gehört heute zur rhetorischen und literarischen Billigware. Kritik an der wissenschaftlich-technischen Zivilisation gehört zum gehobenen Gesprächsstil. Vieles an ihr ist richtig, etliches aber auch irreal. Seltsam widersprüchlich wird es, wenn die Kritiker, die zuvor die bestehenden Leistungsmechanismen ihrer abgrundtiefen Inhumanität überführt haben, ihre Heilungsmethoden anbieten. Ich denke an die zur Dutzendware gewordenen politischen Theorien oder psychologischen Trainings, die aus dem Dilemma der selbstgeschaffenen Leistungsreligion befreien sollen. Der radikalen Kritik entsprechen neue Selbstbefreiungskonzepte.

Wer aber unsere Krise als eine fundamentale begreift, wird kaum darauf hoffen können, sie durch human- und sozialwissenschaftliche Theorien erkennen und gleichzeitig beheben zu können. Er wird kein Zutrauen mehr dazu haben, sich durch Sozial- oder Psychotechniken selbst aus dem Sumpfe ziehen zu können. Solche Hilfen beheben nicht die Krise, sie machen sie nur noch deutlicher. Eine noch so intensive und liebevolle Zuwendung zu sich selbst, ein noch so ausgeprägter und trainierter Wille, sich selbst aus dem Dilemma zu befreien, sich selbst in neuer Weise zu erleisten, macht mich nur noch radikaler von mir selbst abhängig, wirft mich in den noch schlimmeren Zwang, mich überzeugend leisten zu müssen.

Die meisten angebotenen Techniken im Umgang mit sich selbst und anderen stellen auf die Leistungskraft des autonomen Ichs ab. Einen anderen, einen neuen Menschen zu gewinnen, wird als Möglichkeit durch richtigeren Umgang mit sich selbst und anderen vorausgesetzt. Es ist zutiefst der Glaube am Werk, daß der Mensch, der sich selbst in seinen Taten verloren hat, auch durch seine eigene Gegenleistung wiedergewinnen könne.

Dieser Glaube an die Machbarkeit des eigenen Menschseins aber dürfte wie eh und je der Grund für die neue Selbstverfehlung des Menschen sein. Dieser Glaube an die Selbsterlösung des Menschen – und sei sie noch so raffiniert in Methode gesetzt – dürfte genau der Grund für seine neue Selbstzerstörung sein.

Dies jedenfalls war die Überzeugung der reformatorischen Väter. Das »Nein« Luthers galt ähnlichen Versuchen, aus sich selbst heraus sich selbst als Menschen zu gewinnen, sich selbst vor Gott und den Mitmenschen zu er-leisten. Gegen diese Tendenz des natürlichen Menschen, sich in eigener Kraft zu gewinnen und sich durch eigenes Ethos zu entwerfen, geht der Protest eines Verständnisses vom Men-

Zeichnung: Pitter
Publik-Forum Nr. 16, 8. Aug. 1980, S. 4.

schen, das radikal von jeder Selbstverwirklichungstheorie Abschied nimmt. Das sich selbst wollende Menschentum kann nicht zum aufrechten Gang kommen. Frei wird der Mensch erst, wenn er sich von seinem Selbstverwirklichungsweg befreien läßt. Die Selbstversklavung aufzuheben, kann aber nicht das Eigenwerk des Sklaven sein.

Dies reformatorische Verständnis vom Menschen ist modernem Empfinden und zeitgenössischem Experimentieren mit dem Menschen deshalb so fremd, weil hier eine radikale Position formuliert wird, die die Eigenleistung des Menschen zu verneinen scheint. Im Zeitalter eines anthropologischen Aktivismus ist dies eine »unmoderne« Zumutung. Aber vielleicht steckt in diesem Ansatz eine ungeheure Hilfe.

Was will Luther zur Sprache bringen? Fundamental dies: Mensch werde ich nicht durch religiöse oder moralische oder politische Eigenleistung, sondern durch das Angenommen*sein* und durch das Angesprochen*werden* von Gott her. Oder anders: Mensch bin ich durch einen Akt der Annahme. Daß mich Gott als sein unverwechselbares, einmaliges Geschöpf annimmt, ist der entscheidende Akt der Menschwerdung. Oder noch anders: mein Sein als Mensch ist geschenktes Sein, ist Gabe. Unverdiente, unerleistete Gabe. Mein Wert liegt darin, daß ich vor Gott *bin*. Ich habe einen leistungslosen Selbstwert.

Wer in diesem Glauben Gott als seinen Schöpfer anerkennt, bekommt Einsichten über sich selbst, die jede Selbsterkenntnis weit hinter sich lassen. Es ergeben sich ganz konkrete Konsequenzen. Einige seien genannt: der Glaube, daß ich angenommen worden bin, befreit mich ganz real von dem Zwang, mich pausenlos vor mir selbst und vor anderen durch sichtbare Leistungen rechtfertigen zu müssen. Der Druck, mich selbst verwirklichen zu müssen, ist mir genommen. Im Glauben weiß ich, daß ich schon ein verwirklichter Mensch *bin*. Die entscheidende Qualität habe ich schon. Ich *bin* schon, bevor ich *werde*. Person bin ich schon, bevor ich sie aktuell durchspiele. Ich bin schon Person, bevor ich mich als Persönlichkeit entfalte.

In diesem Glauben liegt unendlich Tröstliches: Ich bin schon Mensch, bevor ich es bewähre. Mein Menschsein wird nicht identisch mit meiner Leistungsfähigkeit. Ich bin Mensch vor meinen Leistungen, nicht werde ich es durch meine Leistungen.

Wer sich dies sagen läßt, wird frei von dem Selbstverwirklichungsdiktat. Befreit von dem Zwang, sich selbst leisten zu müssen, wird man frei zur wahren Leistung. Der Glaube befreit zur freien Leistung. Aber diese Leistung ist nicht mehr die qualvoll abgerungene Leistung, sondern die freie Antwort des von sich selbst Befreiten. Diese Befreiung von sich selbst ist ein personaler Akt, eine persönliche Entscheidung. Nämlich die Entscheidung, in dem Gott, der sich in Jesus von Nazareth zur Sprache gebracht hat, den Grund der Existenz zu sehen, sich von ihm her, von seinem Wort und Werk her zu verstehen. Der Glaube an diesen Jesus Christus macht die Freiheit des Christen möglich. Wer an ihn glaubt, kann von den eigenen Gefangenschaften befreit werden, kann von den Dingen, die ihn in Fesseln geschlagen haben, gelöst werden. Freiheit wird das Geschenk des Glaubens, ist nicht die Leistung des sich abmühenden Menschen.

»Nun steht in der Freiheit, zu der euch Christus befreit hat« – das ist nun der Imperativ des Lebens. Es ist aber ein Imperativ, der seinen Grund in einem Indikativ hat: Christus hat uns zur Freiheit befreit, deshalb seid frei! Ihr seid befreit, deshalb handelt als Befreite! Seid, wer ihr seid!

Luther hat das in dem herrlichen Satz zusammengefaßt: Ein Christenmensch ist ein freier Herr über alle Dinge und niemand untertan.

Der Glaube allein kann den radikalen Wechsel bringen, nämlich freier Herr über die Dinge zu sein. Durch ihn kann die ganz praktische Wende eintreten, sich nicht mehr seines Lebens durch verbissene Aktivität seiner Seele und durch hastiges Ansammeln von Gütern vergewissern zu wollen. Der Glaube entlarvt sowohl die Selbstverwirklichungspraxis wie den Materialismus des Tages als die großen Selbsttäuschungen des Menschen. Er ist mit diesem Wissen die radikale Kritik an jedem Menschentum, das sich auf psychische oder/und materielle Weise selbst erleisten will. Dieser Glaube aber wäre unvollständig umschrieben, wenn man in ihm nur die Absage an selbstmächtiges Menschentum sehen würde. Er ist nicht nur Absage, sondern zugleich Zusage, wahres Menschsein zu gewinnen. In seiner Absage an selbstmächtiges Menschenverständnis ist er zugleich Freigabe für verantwortliches Handeln. Er macht munter und mobil. Er entbindet Aktivität, Leistung. Aber es ist nun eine Aktivität, an der nicht mehr das Heil, die Erfüllung des Menschen hängt. Es ist eine Aktivität, die nicht mehr zwanghaften Charakter hat, das heißt die Qualität als Mensch hängt für den nun Handelnden nicht mehr an der Qualität seiner Leistung. Er leistet nicht mehr, um gut zu werden, um im Handeln seine sog. Identität zu gewinnen, sondern als einer, der längst identifiziert worden ist, kann er das Notwendige, das Sachgerechte, das Sinnvolle und Vernünftige tun.

Ist das nicht wieder ein großer Trost? Es ist doch tröstlich, daß ich mich nicht selbst als Person mit meinem Handeln schaffen muß, sondern daß das Handeln Ausfluß, Folge, Konsequenz meiner Personalität ist. Es ist doch tröstlich, daß ich vom Leistungszwang befreit bin und nun leisten kann, was ich in Freiheit zu leisten vermag.

Dies allerdings gehört dazu: die Freiheit dieses Glaubens nimmt die Gestalt des Dienens, also der Leistung für andere an. Deshalb hat Luther den zweiten Satz hinzugefügt: Ein Christenmensch ist ein dienstbarer Knecht aller Dinge und jedermann untertan.

Die Tatsache, daß ich von mir selbst befreit bin, ist die Voraussetzung, zum anderen hin befreit zu sein. Die Freiheit befreit zum Dienen! Und Dienst ist in ihrer Aktualisierung – Leistung. Aber eine Leistung, die nicht mich selbst im

Zentrum des Interesses hat, sondern das Wohl des Mitmenschen und unserer Umwelt. Der Mitmensch mit seinen konkreten Problemen wird die reale Leidenschaft des von sich selbst Befreiten. Aber es wäre ein Mißverständnis, diese Hinwendung des eigenen Ich zum Du des anderen als Aufgabe der eigenen Personalität zu begreifen. Es ist gerade diese Personalität, die sich in den Akten des Dienens aktualisiert. Die Polarität von Ich und Du, von Nächstenliebe und Eigenliebe, bleibt unaufhebbar, aber das im Glauben befreite Ich ist ununterbrochen auf dem Wege zum Du. Und es wird in dem Maße erfülltes Ich, wie es dem Du und dem Ihr Raum gibt. Wenn schon, dann Ich-Stärke durch Du-Beziehung! Diese freie Bindung nennt Luther »Knechtschaft« oder sagen wir besser: Bindung in Freiheit.

Aus dieser Bindung fließt Leistung für den anderen, für die Gemeinschaft, für das Gemeinwesen wie von selbst. Nur: diese Leistung, die sich aus der Freiheit des Befreiten einbringt, ist frei von jenem inneren Zwang, leisten zu müssen, um vor sich selbst und der Gesellschaft bestehen zu können. Diese Leistung im Dienst des Nächsten, diese guten und vernünftigen Werke, sind die Konsequenz eines schon im Glauben geschenkten Menschseins. Sie sind die aktive Antwort einer zuvor empfangenen Existenz. Sie sind Dank für das Geschenk.

Ein zeitgenössischer Protestantismus, der diese reformatorischen Erkenntnisse wieder für sich bewußter durchreflektierte, könnte wieder ein kritischer Gesprächspartner für den »Zeitgeist« sein. Er stünde allerdings quer zu den gehobenen und popularisierten Formen und Inhalten der verschiedenen Selbstverwirklichungstheorien, die den Menschen in neue Knechtschaft bringen.

Günter Brakelmann, Leistung frei vom Zwang,
Deutsches Allgemeines Sonntagsblatt, vom 29. Juni 1980

Christlicher Glaube und christliches Leben — Psalmen, Bitt- und Lobgesänge für jede Zeit

Christlicher Glaube und christliches Leben

239

Eigene Weise (ChB 182)
15. Jh / geistlich Nürnberg 1523

Nun freut euch, lieben Christen gmein, und laßt uns fröhlich springen, daß wir getrost und all in ein mit Lust und Liebe singen, was Gott an uns gewendet hat und seine süße Wundertat; gar teur hat er's erworben.

2 Dem Teufel ich gefangen lag, im Tod war ich verloren; mein Sünd mich quälte Nacht und Tag, darin ich war geboren; ich fiel auch immer tiefer drein, es war kein Guts am Leben mein, die Sünd hatt mich besessen.

3 Mein guten Werk, die galten nicht, es war mit ihn verdorben; der frei Will haßte Gotts Gericht, er war zum Gutn erstorben. Die Angst mich zu verzweifeln trieb, daß nichts denn Sterben bei mir blieb; zur Höllen mußt ich sinken.

4 Da jammert' Gott in Ewigkeit / mein Elend übermaßen; er dacht an sein Barmherzigkeit, er wollt mir helfen lassen. Er wandt zu mir das Vaterherz; es war bei ihm fürwahr kein Scherz, er ließ's sein Bestes kosten.

5 Er sprach zu seinem lieben Sohn: ›Die Zeit ist hier zu erbarmen; fahr hin, meins Herzens werte Kron, und sei das Heil dem Armen / und hilf ihm aus der Sünden Not, erwürg für ihn den bittern Tod / und laß ihn mit dir leben.‹

6 Der Sohn dem Vater ghorsam ward, er kam zu mir auf Erden / von einer Jungfrau rein und zart; er sollt mein Bruder werden. Gar heimlich führt er sein Gewalt, er ging in meiner armen Gstalt; den Teufel wollt er fangen.

7 Er sprach zu mir: ›Halt dich an mich, es soll dir jetzt gelingen; ich geb mich selber ganz für dich, da will ich für dich ringen. Denn ich bin dein und du bist mein, und wo ich bleib, da sollst du sein; uns soll der Feind nicht scheiden.

8 Vergießen wird er mir mein Blut, dazu mein Leben rauben; das leid ich alles dir zugut, das halt mit festem Glauben. Den Tod verschlingt das Leben mein, mein Unschuld trägt die Sünde dein; da bist du selig worden.

9 Gen Himmel zu dem Vater mein / fahr ich von diesem Leben; da will ich sein der Meister dein: den Geist will ich dir geben, der dich in Trübnis trösten soll / und lehren mich erkennen wohl / und in der Wahrheit leiten.

10 Was ich getan hab und gelehrt, das sollst du tun und lehren, damit das Reich Gotts werd gemehrt / zu Lob und seinen Ehren; und hüt dich vor der Menschen Satz, davon verdirbt der edle Schatz: das laß ich dir zur Letze★.‹

★zum Abschied
Martin Luther 1483–1546

17 Von Gott berufen, verantwortlich für die Welt

Christen stehen in der Verantwortung vor Gott. Sie stehen unter dem Anruf Gottes und sind herausgefordert, mit ihrer ganzen Existenz inmitten ihrer Lebenswirklichkeit Antwort zu geben. »Verantwortung« soll hier also in einem spezifisch theologischen Sinn verstanden werden: als Antwortgeben auf den Anruf Gottes. Diese Verantwortung hat verschiedene Bezüge und Aspekte: persönliche, berufliche, gesellschaftliche, natürliche, religiöse. In der heutigen Lebenswirklichkeit scheinen uns zwei Aspekte dieser Verantwortung ganz besonders wichtig:

☐ *Die Verantwortung für die Schöpfung*
☐ *Die Verantwortung für die Würde und das Recht des Menschen.*

Im Bauch des Fisches

Meditation unseres Ortes in der Schöpfung – heute

Unsere Beziehungen zur Schöpfung sind nicht nur Unterwerfen und Herrschen. Jede Epoche der Menschheitsgeschichte hat auch eine Form der Weltangst, die ihrem »Welt«bild entspricht. Die ökologische Krise gebärt eine Gestalt der Weltangst, die man mit einem alten biblischen Bild aussagen kann: im Bauch des Fisches.

Als wir Menschen durch Kopernikus gelernt hatten, daß unser Ort in der Welt nicht die Mitte der Welt ist, und als die Psychoanalyse uns klarmachte, daß das »Ich« nicht »Herr im eigenen Haus« ist, da sah unsere Weltangst so aus: Alles könnte sich auflösen. Völlig verloren waren wir in diesem unendlichen Universum und in den Labyrinthen unserer Seelen.

»Verlorenes Ich, zersprengt von Stratosphären,
Opfer des Ion –: Gamma-Strahlen-Lamm –
Teilchen und Feld –: Unendlichkeitschimären
Auf deinem grauen Stein von Notre-Dame.
Die Tage gehn dir ohne Nacht und Morgen,
Die Jahre halten ohne Schnee und Frucht
Bedrohend das Unendliche verborgen –
Die Welt als Flucht.
Die Welt zerdacht. Und Raum und Zeiten
Und was die Menschheit wob und wog,
Funktionen nur von Unendlichkeiten –
Die Mythe log.«

So spricht Gottfried Benn diese Weltangst aus. Und sie endet mit der wehmütigen Erinnerung an die »ferne zwingende erfüllte Stunde, die einst auch das verlorene Ich umschloß«.

Sicher wurde diese Weltangst weder von den Chinesen noch von den Indern, noch von den Indios, noch von den Afrikanern oder den Eskimos geteilt; ihre Ängste waren und sind anderer Art. Aber bei uns westlich-nordatlantischen Menschen begleitete diese Weltangst des Verlorenseins im All den aggressiven Drang zur Unterwerfung des Restes der Menschheit und zur Ausbeutung der Erde. Sicher nicht zufällig, sondern mit innerem Zusammenhang.

Seit einigen Jahren aber –
seit wir in Müllawinen zu ersticken drohen,
seit wir mit unseren Autos nach wenigen Kilometern zügiger Fahrt in Staus steckenbleiben,
seit der Smog das freie Atmen behindert,
seit die Technik eher als Zwangsjacke denn als Instrument der Befreiung zu gelten hat,
seit wir wissen, daß das Öl knapp wird
und Kupfer, Zink, Blei, Aluminium und Antimon
und Wasser und Holz und Luft –

seitdem hat sich unsere Weltangst gewandelt. Sie ist zur Erstickungsangst geworden; der Planet Erde wird uns zu klein, wir versuchen in den Weltraum auszuweichen; die »Grenzen« werden überall und jederzeit beschworen. Die – neben Kopernikus und Freud – dritte Kränkung des menschlichen Selbstbewußtseins in der Neuzeit, Darwins Erkenntnis, daß die anderen Geschöpfe unsere Schwestern und Brüder sind, hat uns eingeholt. Aber auf grausame Weise, weil wir sie zu lange verdrängt haben. Jetzt holt sie uns nicht mit lieblichen Bildern vom Miteinander von

Mensch und Schöpfung ein, sondern als Bedrohung: Wir sind eingeklemmt »im Bauch des Fisches«.
Das Schicksal des Propheten Jona wird uns damit zum Sinnbild: Auch er findet sich »im Bauch des Fisches« wieder. Manche halten sich und uns für so anpassungsfähig, daß ihnen diese Lage nicht als bedrohlich erscheint. Christoph Meckel läßt seinen Jona sagen:
»Es läßt sich leben im Wal, ich hab es erfahren. Einst verfinsterte Meertage lebt ich im Wal, und ich sag euch: es läßt sich leben im Wal. Nach ein paar Monden vernahm ich das Donnern der Wasser nicht mehr, die draußen um Walhaut rollten, und der Gestank ward Duft den Nüstern, die mit im Walbauch wuchsen.«
Andere – und ich zähle mich zu ihnen – erinnern sich, daß die Ortsangabe »im Bauch des Fisches« im Psalm des Jona

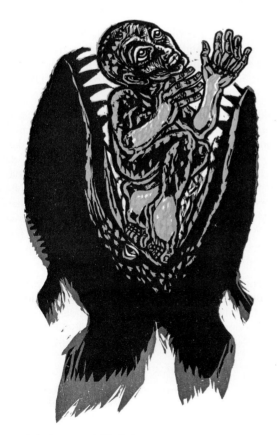

Walter Habdank, Jona wird befreit,
24 Holzschnitte zur Bibel, Bild Nr. 9, Kösel-Verlag, München 1980

als Grab verstanden wird: »Drunten war ich in der Erde, die ihre Riegel hinter mir für immer schloß.« Sie erinnern sich, daß Jona diesen Zustand mit Bildern aus der Schöpfung beschreibt: »All deine Brandungen und Wogen sind über mich hereingebrochen... Umfangen haben Wasser mich bis an die Kehle, das Urmeer, es umringt mich. Schilf hält mein Haupt umschlungen.« Sie, die anderen, verstehen, daß der Tod nicht das reine Aufhören ist, als das wir uns den Tod vorstellen, sondern daß das Lebend-dem-Tod-Anheimgegebenwerden im Bauch des Fisches auch Tod ist. Und die realistische Einschätzung unserer Situation führt sie dazu, nicht zu anpassungsfreudig auf unseren Ort im Bauch des Fisches zu blicken. Kann doch die ökologisch begründete Erstickungsangst sich jeden Tag grausam bewahrheiten, wenn zur »langsamen Guillotine« der Umweltzerstörung der schnelle Blitz des atomaren Feuers kommt. Danach werden wir dann nicht mehr sagen: Es läßt sich leben im Wal – weil wir nichts mehr sagen können.
Im Bauch des Fisches – das scheint eine treffende Bezeichnung unserer Situation zu sein.

Im Bauch des Fisches, das lehrt uns die Geschichte von Jona, ist aber bei Gott nicht das letzte Wort. Es ist nicht nur die Drohung des Grabes, das Eingeschlossensein in die gnadenlosen Folgen unserer Erdherrschaft; es ist auch der Beginn der Rettung. Für eine Menschheit, die es vergessen hat, Archen zu bauen für die große Flut, ist der Bauch des großen Fisches immerhin nicht das endgültige Aus, so eingeklemmt und atemberaubend der Aufenthaltsort auch sein mag. Es gibt eine Hoffnung, daß uns geschieht, wie es Jona geschah: Gott sprach zum Fisch, und er spie Jona aufs Trockene.

Diese Hoffnung gilt um so mehr, als durch Christus befreite Menschen der Schöpfung zur Verheißung der Freiheit dienen sollen, wenn Paulus die Hoffnung richtig auslegt. Ein ungewohnter Gedanke für anthropozentrisch denkende Christen: Gott will seine Schöpfung nicht aufgeben, er will ihr treu bleiben, er will sich an die Zusagen nach der großen Flut halten, er will alles Geschaffene befreien. Muß er nicht deshalb den Menschen befreien, wenn durch den Menschen als Gottes Bild Freiheit in die Welt kommen soll? – Endlich wäre einmal nicht die Schöpfung für den Menschen da, sondern der Mensch für die Schöpfung.
Garantien gibt es nicht, Noah sandte ängstlich die Taube aus; Jona rechnete sicher nicht damit, daß er aufs Trockene käme; Jesus von Nazareth konnte nicht wissen, daß er nach drei Tagen und drei Nächten im Schoß der Erde wieder zum Leben aufstehen würde. Wir wissen nicht, ob der Fischbauch der ökologischen Krise uns wieder freigeben wird. Wir hoffen.

Hoffnung ist das Hören einer Melodie aus der Zukunft, sagt ein lateinamerikanischer Befreiungstheologe. So bruchstückhaft wir die Melodie zukünftiger Freiheit hören – die Wasser donnern im Bauch des Fisches –, vielleicht können wir (zuerst leise, damit wir die Melodie noch hören) ein

wenig mitsingen und sogar tanzen nach der Melodie. Dieser Gesang und dieser Tanz – das wären Zeichen der Hoffnung.
Mit Jona muß so etwas vor sich gegangen sein im Bauch des Fisches. Zum Erstaunen aller Ausleger stimmt er nämlich – im Fisch steckend – einen Lobpsalm an. (Woher er die Luft nimmt zum Singen?)

»Du hast aus dem Grab herausgeführt mein Leben«
– wie Noah aus der Arche geführt wird,
wie Israel aus Ägypten geführt wird
und aus Babylon,
wie Christus uns aus dem Tode führen wird –

»Jahwe mein Gott.
Ich aber,
mit der Stimme des Lobes
laut will ich singen dir,
was ich gelobte, bezahlen –
die Befreiung ist dein!«

Die Hoffnung beruht nicht darauf, daß die Drohung und der Ernst der Lage verharmlost oder ignoriert werden. Es bleibt dabei, daß »Brandungen und Wogen« der großen Flut über uns hinweggehen und wir ängstlich zusammengekauert im Fischbauch stecken – aber auf einmal sind es nicht irgendwelche Wasser, sondern: *deine* Brandungen und Wogen.
»Die Geschichte der Befreiung beginnt da, wo der Unfreiheit wirklich standgehalten wird. Die Geschichte der Erfahrung Gottes beginnt da, wo Gott ernstlich in Frage steht. Die Geschichte der Freude beginnt, wo einer mit seinem Leiden Ernst macht« (Ernst Lange).
Wenn wir das könnten, zu sagen: Deine Wogen und Wellen, deine Sintflut! Wenn wir wissen, daß auch die ökologische Krise wie Auschwitz und Vietnam im Herrschaftsbereich der Schöpfung Gottes liegt, dann wird zwar alles noch unerträglicher, aber dann haben wir auch die Chance zu sagen: Die Befreiung ist dein! Verstehen werden wir das nicht. Aber die Melodie hören und vielleicht tanzen?
Engagements in den ökologischen Aufgaben würden dann erste tappende Schritte dieses Tanzes sein, Zeichen der Hoffnung – für uns und für die Schöpfung.
Im Bauch des Fisches: Das ist Finsternis und Lichtschein der Hoffnung, das ist ohrzerreißendes Wassergetös und die Melodie der Zukunft, das ist Erstickungsangst und mit der Schöpfung solidarischer Schrei nach Freiheit; das ist: im Bauch *deines* Fisches.

Gerhard Liedke, Im Bauch des Fisches, Kreuz Verlag Stuttgart, Berlin, 1979, 209–213

Die Verantwortung für die Schöpfung

1. Der Perspektive christlichen Glaubens zufolge umfaßt, trägt und bewegt Gottes Wirklichkeit verborgen alle Weltwirklichkeit, die sich dem Menschen aspekthaft und von Brüchen durchzogen darstellt, wenn er bereit ist, der Endlichkeit des eigenen Erkennens standzuhalten.

2. Christlicher Glaube begreift Gott nicht als Neider menschlicher Selbständigkeit, sondern als Bringer verlorener Freiheit (Galater 5,1).

3. Christliche Freiheit erweist sich auch darin, daß die unerbittliche und gnädige Grenze menschlichen Lebens akzeptiert werden kann.

4. Im Akzeptieren der Endlichkeit des Biosystems der Erde entdecken wir unsere Mitverantwortung für die Erhaltung der natürlichen Bedingungen unserer menschlichen Lebenswelt. Sie kann nur in einem erneuerten Umgang mit Wissenschaft und Technik wahrgenommen werden.

5. Als Schöpfung erkennbar ist die von Menschenhand unberührte Natur ebensowenig wie die durch menschliche Technik überformte. Seit dem Fall des Menschen ist Schöpfung eine ihm verborgene Tiefendimension der Wirklichkeit. Auch in der von Menschen produzierten künstlichen Welt wirkt Gottes Schöpfungswerk fort. Gegenüber den Konflikten und Übeln der Welt ist die Antwort der Glaubenden nicht Resignation, sondern verantwortliche Mitarbeit in dem weltdurchwaltenden Handeln Gottes.

6. Wissenschaft und Technik lassen die Probleme, auf die in bisherigen Erfahrungen keine Antwort zu finden ist, immer zahlreicher werden. Hier müssen wir uns ganz neu auf die Suche nach Kriterien verantwortlicher Entscheidung begeben.

7. In doppelter Weise wird der Mensch von Gott angerufen und in seiner Antwort gefordert: indirekt durch die Stimme von Gottes Schöpfung, direkt in Gottes verkündigtem Wort. Verkündigung weckt die Zuversicht, daß Geschehnisse in der Welt, die für uns verborgen Gottes gute Schöpfung ist, zu Gleichnissen für die Herrschaft Gottes werden können (Jesu Reich-Gottes-Gleichnisse). Ein mögliches Kriterium der verantwortlichen Orientierung ist, zu fragen, ob etwas, was mit unserer Hilfe geschieht, anderen zum Gleichnis für die Güte des Schöpfers werden könnte.

8. Erkenntnis und Wollen des Glaubens stehen nicht in Konkurrenz zu wissenschaftlicher Erkenntnis und technischer Gestaltung, sondern entschlüsseln diese in einem umfassenderen Horizont, in dem alles Irdische umfangen und getragen wird von der Wirklichkeit dessen, der uns anruft.

Heinz Eduard Tödt, Verwissenschaftlichte und verantwortete Wirklichkeit, In: Der Spielraum des Menschen, Gütersloher Verlagshaus Gerd Mohn, Gütersloh 1979, (GTB 337) 14–30

Ökumenische Initiative eine Welt

Was wir zu begreifen beginnen

Die Menschheit wird nur dann eine Überlebenschance haben, wenn wir unser Verhältnis zur natürlichen Umwelt und untereinander radikal verändern. Keiner kann sich der Mitverantwortung für eine lebensfähige Weltgesellschaft entziehen. Die Zukunft unserer eigenen Kinder entscheidet sich an der Zukunft aller Menschen. Wenn mehr Menschen ausreichende Lebensbedingungen erhalten sollen, müssen die, denen es gut geht, in Einschränkungen einwilligen. Das bedeutet: In allen Industrienationen, also auch bei uns, haben viele die Obergrenze ihres persönlichen Wohlstands erreicht oder schon überschritten. Sie werden auf eine Steigerung ihres Einkommens verzichten oder sogar Einbußen akzeptieren müssen. Was an Wirtschaftswachstum überhaupt noch möglich ist, muß vor allem denen in unserem Land und in den Ländern Asiens, Afrikas und Lateinamerikas zukommen, die bis jetzt benachteiligt sind.

Der Übergang zu einer neuen Ordnung wird sich nicht mit einem Schritt vollziehen. Politische und wirtschaftliche Strukturen müssen verändert werden. Zugleich ist es notwendig, das persönliche Verhalten neu zu orientieren. Diese Herausforderung reicht an die Wurzeln der moralischen, geistigen und religiösen Kräfte der Menschheit.

Wir beginnen zu begreifen, daß zur Mitverantwortung für die Welt folgendes gehört:

☐ umweltgerecht leben, damit menschliches Leben innerhalb der Grenzen der Erde fortbestehen kann;
☐ einfacher leben, damit andere überhaupt leben können;
☐ solidarisch leben, damit in Zusammenarbeit mit anderen Gerechtigkeit verwirklicht wird;
☐ gesprächsbereit leben, damit Verständnis wachsen und Wahrheit sich durchsetzen kann.

Was wir tun wollen

Unser Ziel als Initiativgruppe ist es, Modelle eines ökumenischen Lebens zu erproben und andere dazu anzustiften. Wir wollen die Erfahrungen, die wir dabei machen, untereinander und mit ähnlich gerichteten Gruppen austauschen. Wir wollen Verbindungen herstellen zwischen Gruppen und Einzelnen, die nach Ermutigung und Korrektur suchen. Wir werden an der politischen Durchsetzung von Zielen mitarbeiten, die wir als notwendig erkannt haben. Dabei werden wir versuchen, uns mit Andersdenkenden so auseinanderzusetzen, daß unsere und ihre Fähigkeit zu lernen nicht darunter leidet.

Wozu wir uns verpflichten

Wir übernehmen folgende Verpflichtungen und laden andere ein, zusammen mit uns oder in ihrem eigenen Bereich dieselben Verpflichtungen zu übernehmen:

1 Wir werden Entwicklungen verlangen und unterstützen, durch die bisher Benachteiligte in ihren Lebenschancen gefördert werden. Wir werden uns um Modelle bemühen, an denen in ökumenischer Gemeinschaft gelernt werden kann, Mitverantwortung im entwicklungspolitischen und umweltpolitischen Bereich wahrzunehmen.

2 Wir werden unseren Konsum überprüfen: Wir werden ihn einschränken und in ein vertretbares Verhältnis zu den begrenzten Vorräten der Erde, dem Bedarf der Benachteiligten und der Umweltzerstörung bringen. Wo immer möglich, werden wir ihn auf Waren umstellen, deren Ertrag die Produzenten in Entwicklungsländern eigenständiger macht.

3 Wir werden einen spürbaren Teil unseres Geldes im Sinne dieser Initiative verwenden, in der Regel wenigstens 3 % des Netto-Einkommens. Persönliche Umstände können eine andere Selbsteinschätzung nach oben oder nach unten notwendig machen. Wir werden das Geld folgenden Zwecken zuführen: entwicklungspolitischen Modellen, durch die die Eigenständigkeit und Handlungsfähigkeit derer gefördert wird, die in Armut und ohne eigene Gestaltungsmöglichkeiten leben müssen; bewußtseinsbildenden und politischen Aktionen in der Bundesrepublik Deutschland.

Jeder kann sich dieser Initiative anschließen, indem er die drei Verpflichtungen für sich übernimmt und seinen Namen bei der Geschäftsstelle angibt. Die Initiative wird durch freiwillige Beiträge aus dem Kreis der Unterzeichner finanziert. Manche werden in ihrem eigenen Bereich die Gemeinschaft haben, die sie brauchen, um ökumenisches Leben einzuüben. Manche werden erst Kontakte mit anderen Unterzeichnern knüpfen und in Gruppen zusammenfinden. Die Initiativgruppe möchte Kontakt zwischen den Unterzeichnern vermitteln. Erfahrungsberichte von Einzelnen und Gruppen sammeln und weitergeben sowie Hilfsmittel für jene erarbeiten, die fragen: was können wir tun?

18 Menschenwürde und Menschenrechte im Horizont des christlichen Glaubens

Angesichts der weltweiten Menschenrechtsverletzungen muß sich die Kirche und jeder einzelne Christ fragen, ob er von seinem Glauben her bereit ist, gegen die Verletzung der Menschenrechte einzutreten und ihre Einhaltung zu fordern. Können aber die Menschenrechte für das christliche Handeln Verbindlichkeit beanspruchen? Sind sie mit dem christlichen Glauben vereinbar? Historisch gesehen entstammen die Menschenrechte dem Kampf gegen die Feudalherrschaft mit ihren alten, auch »Freiheiten« genannten Privilegien. Ihre Durchsetzung entsprach daher den ökonomischen und politischen Interessen des in der Gesellschaft um Führung kämpfenden Bürgertums. Das Modell hierfür war das Geschehen auf dem Markt: Hier galten keine sozialen Beziehungen und frommen Rücksichten; hier schloß man einen Handel nur ab, wenn er im eigenen Profitinteresse lag; hier galten zwischen den Menschen keine anderen Beziehungen als die des Tausches und der Konkurrenz. Der Mensch ist hier ein egozentrisches Individuum, das nach Autonomie strebt.

Als Verfassungsinstitution sind die Menschenrechte zum ersten Mal greifbar in den »Bill of Rights of Virginia« vom 12. Juni 1776 und in den Menschen- und Bürgerrechten der Französischen Revolution aus dem Jahre 1789. Es gab zwar schon vor dieser Zeit Freiheits- und Schutzrechte mit ähnlichem Inhalt für Angehörige eines bestimmten Gemeinwesens wie die englische »Magna Charta Libertatum« von 1215, sowie die »Habeas-Corpus«-Akte von 1679 und die »Bill of Rights« von 1689. Jedoch erst seit 1776 gibt es die Vorstellung, daß es Rechte gibt, die sich nicht von einem bestimmten Stand herleiten, sondern jedem einzelnen Menschen »von Natur aus« zustehen und rein auf dem Titel »Mensch« beruhen (»Alle Menschen sind von Natur aus in gleicher Weise frei... besitzen angeborene Rechte...« Virginia 1776). Die Menschenrechte sind vorstaatliche und vorgemeinschaftliche Rechte, die darum nicht im Verfügungsbereich des Staates liegen und eine kritische Distanz zu ihm begründen. Alle Menschen sollen aufgrund dieser Menschenrechte uneingeschränkte Eigentümer ihrer Person und ihrer Fähigkeiten sein, sowie all dessen, was sie als Besitz sich erwerben.

Welches Bild des Menschen steht hinter dieser Auffassung? Läßt sich dieses mit dem christlichen Verständnis des Menschen vereinbaren? Diesen Fragen geht Heinz Eduard Tödt in dem unten folgenden Auszug aus einem größeren Aufsatz über Menschenrechte nach.

Tödt geht davon aus, daß alle Menschenrechte sich in drei Sachgruppen einteilen lassen und damit gut vergleichbar sind, nämlich in

☐ Freiheitsrechte
☐ Gleichheitsrechte und
☐ Teilhaberechte.

Die »*Freiheitsrechte*« wenden sich gegen willkürliche Zugriffe staatlicher und gesellschaftlicher Gewalt und geben dem einzelnen einen Spielraum selbstverantwortlicher Spontaneität, der vom Staat zu schützen ist.

Die »*Gleichheitsrechte*« wenden sich gegen jede Diskriminierung und Benachteiligung und wollen die Gleichbehandlung aller herstellen.

Die »*Teilhaberechte*« wollen den Zugang zu allen Bereichen gesellschaftlichen Lebens gewährleisten und gehen davon aus, daß eine Gemeinschaft erst durch die Teilhabe aller zur vollen Entfaltung kommt.

Die theologische Bedeutung der Menschenrechte

Nun läßt sich zeigen, daß die Voraussetzungen des Menschenrechtsgedankens und seiner drei Sachmomente Freiheit, Gleichheit und Teilhabe deutliche *Analogien* im christlichen Glauben finden. In den großen Reformationsschriften Luthers spielen die »Freiheit eines Christenmenschen« und die Gleichheit aller aufgrund von Taufe, Glaube und Geist dynamisch zusammen. Nicht aber so, daß sie der Christ in der Innerlichkeit verbirgt, sondern so, daß das Priestertum aller Gläubigen einen jeden in die Teilhabe am Geschehen der Gemeinde führt. Haben Freiheit, Gleichheit, Teilhabe bei Luther fundamentale Bedeutung, so werden sie freilich von ihm nicht streng rechtlich gefaßt und zur Grundlegung der Gemeindeordnung gemacht.

Was entspricht einander in der christlichen und in der menschenrechtlichen Sicht des Menschen? Das Menschenrechtsdenken setzt die Unverfügbarkeit der Person voraus. Der Staat, die Gesellschaft soll gelten lassen, daß der Bürger als Mensch immer noch unverfügbarer »Zweck in sich selbst« bleibt, wie sehr er auch allem Anschein nach durch Einflüsse aus seiner Lebenswelt konditioniert, definiert und determiniert wird. Die reformatorische *Rechtfertigungslehre* sagt aus, daß Gott den Menschen, der in den Zusammenhang der Sünde eingebunden ist, ohne jede Vorbedingung als Kind Gottes anerkennt und ihn damit losspricht von aller Gebundenheit. Nicht erst infolge einer eigenen Leistung oder aufgrund irgendwelcher menschlicher Verdienste erlangt der Mensch eine Geltung vor Gott, sondern durch das freie Geschenk der Gnade. Dieses erneuert und überbietet jenes protologische – in der Schöpfung gegebene – Geschenk, das mit »Gottesebenbildlichkeit« bezeichnet wird – den Grund der Menschenwürde.

Ist der Mensch im Glauben dadurch Mensch, daß er von diesem Geschenk her lebt, so hat es einen theologisch aussagbaren Grund, daß die Menschenrechtsbewegung immer wieder auf die Menschenwürde als unverfügbare Voraussetzung rekurriert. Sie wird im Menschenrechtsengagement begründungslos geglaubt und erfahren. In dem Wirklichkeitshorizont, dem Theologie zu entsprechen versucht, sehen wir als Grund der Menschenwürde die Zuwendung Gottes zum Menschen. Von daher verstehen wir, daß die unbegründbare Voraussetzung der Menschenrechte trotz ihrer Unbegründbarkeit unverzichtbar ist.

Die Entsprechungen zwischen christlichem Glauben und Menschenrechtsdenken sind zugleich mit *Differenzen* verbunden. Sie gehen mit der Verschiedenheit der Gemeinschaft der Glaubenden vom politischen Gemeinwesen parallel. Das höchste Kriterium, die Menschenwürde, hat eine steuernde Funktion für die Formulierung und Kodifizierung von Rechten. Menschen- und Grundrechte können aber nur die *negative* Respektierung, die Unantastbarkeit, der Menschenwürde gewährleisten. Freiheit läßt sich auch als kühle Distanzierung der Menschen voneinander schützen. Gleichheit ist auch als strikt formale Gleichstellung vor dem Gesetz zu sichern. Teilhabe kann Mitmachen nach Regeln auch dann sein, wenn sie als rücksichtsloser Konkurrenz- und Machtkampf sich vollzieht. In der *Rechtsgemeinschaft* ist nur zu verlangen, daß nach geltendem Recht verfahren wird. Die *Glaubensgemeinschaft* aber lebt im Recht nur, wenn sie es zugleich in der Perspektive des Glaubens sieht. Hier findet Freiheit ihre Sinnerfüllung erst in der Zuwendung zum Nächsten. »Ein Christenmensch ist ein dienstbarer Knecht aller Dinge und jedermann untertan.« (Martin Luther) »Befreite Freiheit« ist in ihrem Wesen kommunikativ. Die Rechtsgemeinschaft kommt der Gleichheitsforderung schon nach, wenn sie Individuen so einander zuordnet, daß sie sich auf der Basis von Rechtsansprüchen begegnen können, um Benachteiligungen abzuwehren. In der Glaubensgemeinschaft aber geht es um geschwisterliche Gleichheit in der Einheit und Gemeinsamkeit des Geistes. Teilhabe hat im Glauben nie die Qualität der Konkurrenz, sondern ist Anlaß zu gemeinsamem Dank.

Heinz Eduard Tödt, Menschenrechte – ihre theologische Bedeutung und das christliche Engagement für sie, in: Der Spielraum des Menschen, Gütersloher Verlagshaus Gerd Mohn, 1979, GTB 337, 102f.

Erklärung der VI. Vollversammlung des Lutherischen Weltbundes in Dar es Salaam 1977: Menschenrechte

Die Menschenrechtsresolution von Evian hat im LWB und in seinen Mitgliedskirchen einen Prozeß des Nachdenkens und des Engagements hervorgerufen. Inzwischen steht die Menschenrechtsfrage im Mittelpunkt des Interesses der Weltöffentlichkeit. Sie ist von einer moralisch-rechtlichen Frage zu einem Politikum geworden. Menschenrechtsverletzungen bestehen nach wie vor in allen Kontinenten. Da wir auf afrikanischem Boden tagen, stehen uns besonders die Leiden unserer Mitmenschen auf diesem Kontinent vor Augen. Wir sagen gewiß nichts Neues, wenn wir unsere Besorgnis und unseren Protest über andauernde Bedrohung der Menschenwürde und die vielfältigen Verletzungen der Menschenrechte durch die weiße Minderheit in Südafrika, Namibia und Zimbabwe zum Ausdruck bringen. Aber wir können nicht verschweigen, daß eine Anzahl von Industriestaaten durch mannigfache Verbindungen mit Südafrika eng mit dem gegenwärtigen System verbunden ist und deshalb bedeutsame Mitverantwortung trägt...

Durch Christus sind wir ermächtigt, in unseren Gottesdiensten öffentlich für die Opfer von Menschenrechtsverletzungen fürbittend einzutreten. Wir wissen, daß in der namentlichen Fürbitte eine besondere Kraft liegt. Dieses Zeugnis für die Entrechteten verbinden wir als Christen zugleich mit der ernstlichen Fürbitte für die Unterdrücker und Ausbeuter, in der Hoffnung, daß Gottes Geist ihre Herzen wenden möge. Es ist nur die Konsequenz unseres Betens, wenn wir uns zugleich mit allen Kräften um praktische Hilfe und wirksame Schritte für die Opfer von Menschenrechtsverletzungen einsetzen.

Daher rufen wir unsere Mitgliedskirchen dazu auf, die in der jeweiligen Situation notwendigen und möglichen Schritte zu tun, zum Beispiel:

☐ Eintreten für die umfassende Verwirklichung der Menschenrechte einschließlich der elementaren Rechte auf Arbeit, Ausbildung, Versorgung usw.;

☐ Eintreten für die Rechte von benachteiligten Bevölkerungsgruppen wie zum Beispiel Frauen, Jugendliche, alte Menschen und Minderheiten;

☐ Vorstelligwerden bei Regierungen und Behörden zugunsten entrechteter und gefolterter Bürger;

☐ Rechtshilfe und Schutzmaßnahmen für Verfolgte, Vertriebene, Staatenlose;

☐ Beratungen mit Richtern und Rechtsanwälten über die volle Ausschöpfung der Möglichkeiten des jeweiligen Rechtssystems und der faktischen Auswirkung der Internationalen Menschenrechtskonventionen in den jeweiligen Ländern.

Wir bekräftigen unsere christliche Aufgabe, mit Andersdenkenden gemeinsam für die Verwirklichung der vollen Gedanken-, Gewissens- und Religionsfreiheit einzutreten, und betonen dabei das Recht, die Gemeinschaft des Glaubens über nationale Grenzen hinweg zu praktizieren. Ausdrücklich bekennen wir, daß die Gewissensfreiheit auch das Recht einschließt, keiner Religion anzugehören.

Wir wissen, daß in den unterschiedlichen Gesellschaftssystemen jeweils nur bestimmte Menschenrechte Geltung haben, während andere vernachlässigt werden. In den westlichen Industrieländern werden zum Beispiel die individuellen Freiheitsrechte besonders betont, in den sozialistischen Staaten Osteuropas haben dagegen die sozialen Grundrechte den Vorrang. Wir aber müssen darauf bestehen, daß die Schutzrechte der Freiheit, die Rechte der Gleichheit und Nichtdiskriminierung und die Rechte der Teilhabe an den Lebensgütern der Gesellschaft und an der politischen Macht untrennbar zusammengehören.

Vor allem gilt es, die Stimme gegen den Mißbrauch der Macht durch die Mächtigen zu erheben, wo sie die Rechte der Schwachen ignorieren oder unterlaufen. Darum bedeutet wirksamer Schutz der Menschenrechte zugleich eine Umverteilung der Macht und den Aufbau von Strukturen und Ordnungen, welche die Rechte der einzelnen wie der Gesellschaft wirksam schützen. Dies gilt auch in den internationalen Beziehungen. Solange die unterprivilegierten Gruppen oder Länder darauf angewiesen sind, daß die Mächtigen sich zur Beachtung von Recht und Billigkeit herablassen, sind sie vor der Verletzung ihrer Rechte in dieser Welt nicht ausreichend gesichert.

Der Brief des Apostels Paulus an die Römer, den wir in dieser Vollversammlung gemeinsam gelesen haben, stellt uns alle unter Gottes Gericht und ruft uns zur Buße (Römer 2,1 ff.). Das verbietet uns jede Form von Selbstgerechtigkeit und Selbstrechtfertigung. Wir können nur dann glaubwürdig gegen die Rechtsverletzung durch andere Zeugnis ablegen, wenn wir eingestehen, wo wir versagt haben, und uns selbst dem Urteil Gottes aussetzen. Das Wissen um eigene Ungerechtigkeit darf uns aber nicht daran hindern, Unrecht Unrecht zu nennen – bei uns selbst nicht weniger als bei anderen (Matthäus 7,1 f.).

Zit. nach Heinz Eduard Tödt, Der Spielraum des Menschen, Gütersloher Verlagshaus Gerd Mohn, 1979, GTB 337, 122–124

Leben im Rollstuhl

Ich bin seit meiner Geburt durch eine schwere spastische Lähmung behindert. Ich laufe schlecht, ich greife schlecht, ich spreche schlecht. Obgleich es mir heute an der Seite meiner Frau recht gut geht und ich auch einige Erfolge mit dem Schreiben habe: Bis zu diesem Punkt war es ein weiter Weg, auf dem ich die fast übliche Ochsentour eines Spastikers hinter mich brachte. Das bedeutet in meinem Fall: Erklärung der Bildungsunfähigkeit im sechsten und im vierzehnten Lebensjahr; Einweisung in eine Behindertenheil- und Pflegeanstalt; mangelhafte Schul- und keine Berufsbildung; nach elfjährigem Anstaltsaufenthalt die Entlassung in die völlige Isolierung einer »normalen« Umwelt; endlich nach jahrelangem Suchen eingeschränkte Beschäftigung als Aufzugführer in einer Fabrik.

Und dennoch vermochte ich meinen Zustand nie so negativ zu sehen, wie er mit den Attributen »schwer, schrecklich, grausam« gekennzeichnet wird. Natürlich sagt mir mein Verstand, daß ich im Sinne meiner körperlichen Einschränkungen behindert bin. Aber ich erlebe mich nicht als behindert. Schon gar nicht als jemand, der sich durch seine leibliche Beschaffenheit disqualifiziert fühlen muß.

Wie sollte ich auch? Ich müßte ja ein anderer sein wollen. Das empfinde ich als eine ziemlich absurde Idee. Zu meiner Existenz gehört notwendigerweise meine Behinderung. Sonst wäre ich nicht dieser Mensch, der ich bin. Als Individualität austauschbar zu sein, stelle ich mir schrecklich vor.

Ich will gar nicht leugnen: Es gab manchen bitteren Augenblick in meinem Leben, der mir möglicherweise ohne Behinderung erspart geblieben wäre. Nur lag das eben nicht daran, daß ich meine Lähmung als grausame Bedrückung erlebte; es lag vielmehr an der Art und Weise, wie die Umwelt auf die Einschränkung meiner körperlichen Beweglichkeit und auf die Hemmung meines Sprachvermögens reagierte: mitleidig, bedauernd und zugleich an meiner menschlichen Vollwertigkeit zweifelnd. Damit pflanzte mir diese Umwelt ein unausrottbares Minderwertigkeitsgefühl ein. Dem Behinderten wird von frühester Jugend eingebleut, für ihn kämen viele Dinge einfach nicht in Frage. Macht er dennoch normale Wünsche und Bedürfnisse geltend, etwa nach Partnerschaft, die auch die Sexualität nicht ausschließt, so wird das oft genug als unerträgliche Zumutung empfunden. Bestenfalls bekommt er ein nachsichtiges Lächeln zu sehen: Er steht eben nicht auf dem Boden der Tatsachen.

Als Behinderter bin ich ziemlich oft gelobt worden. Zu diesem Lob gehört nicht viel, wenn man trotz Behinderung einige Intelligenz besitzt. Was bei Unbehinderten selbstverständlich ist, gilt bei Behinderten nicht selten als eine hervorragende Leistung. Dieses Lob kann ich nicht als Anerkennung empfinden; nur zu oft habe ich das Gefühl, mit ihm wolle man mich auf eine Rolle festlegen, die mich vom selbstverständlichen mitmenschlichen Umgang ausschließt. Lob ist eben häufig nur die andere Seite des aussperrenden Mitleids.

Eine beliebte Sprachwendung redet vom »Mut zum Annehmen der Behinderung«. Ob damit gemeint ist, es gehöre Mut dazu, sich selbst anzunehmen? Weshalb sollte das ein Problem sein, das nur den Behinderten angeht? Wieviele Unbehinderte haben unsägliche Schwierigkeiten, sich so anzunehmen, wie sie sind? Ganze Industrien leben von dieser Unzufriedenheit und dem Bedürfnis, die äußere Erscheinung aufzubessern. Dem Behinderten bleibt erst einmal gar nichts übrig, als sich ohne Wenn und Aber anzunehmen. Bei ihm läßt sich kaum etwas verstecken –

nicht mit einem maßgeschneiderten Anzug, nicht mit Puder, Schminke und Riechwässerchen...

Seine Lähmung wird von ihm nicht als etwas Fremdes erlebt. Sie gehört zu ihm, wie seine Hautfarbe zu ihm gehört. Eine andere Frage ist es allerdings, daß er im Laufe seines Lebens einigen Mut aufbringen muß, bei seiner ursprünglichen Selbstbejahung zu bleiben, wenn die übrige Umwelt darauf besteht, im Grunde sei er doch ein armes Würstchen, das wirklich keinen Anlaß zu Selbstbewußtsein habe.

Freilich braucht der Behinderte Energie und Training, um seine Fähigkeiten zu entwickeln. Aber welcher Mensch braucht das nicht innerhalb seines Rahmens? Jeder muß seine Anlagen üben. Sonderbarerweise soll dies für den Behinderten oft nicht gelten. In seinem Falle wird jegliches Tun zur Therapiemaßnahme erklärt. Dabei ist nicht er mit seinen eigenen Anlagen das Ziel, sondern der »Gesunde«. Zum »Gesunden« soll er therapiert werden – lebenslang; bis der Tod diesem Bemühen endlich sein unwiderrufliches »vergeblich« entgegensetzt. Er bleibt nur das, was er nicht sein soll: das Unfertig-reparaturbedürftige.

Mir gefällt gut, daß manchmal zu hören ist: Der Behinderte habe die Chance, ein Werdender zu bleiben. Seine Situation böte ja wirklich die Voraussetzung, in sich Kräfte und Möglichkeiten zu entwickeln, die manchen anderen Menschen in der alltäglichen Hetze versagt bleiben müssen. Aber lassen wir auch tatsächlich dem Behinderten die Chance des Wachsens und Reifens?

Solange man vor ihm das Ideal des unversehrten Körpers und des gesunden Geistes aufrichtet, zwingt man ihn zu dem selbstmörderischen Beweis, er sei ebenso gut und ebenso tüchtig wie andere.

Es bleibt ihm auch gar nichts anderes übrig, als dem absurden Gedanken nachzujagen, ein anderer sein zu müssen, um anerkannt zu werden.

Gott schuf den Menschen ihm zum Bilde? Ich jedenfalls fühle mich auch als Spastiker als eine vollwertige Schöpfung Gottes. Und zumindesten Christen sollten es auch tun.

Fredi Saal, Die Normalität des Behinderten, Evangel. Kommentare 1, 1980, 27 f. 33 (in Auszügen)

Martin Gutl, Loblied vor der Klagemauer, Verlag Styria Graz, Wien, Köln 1980, 2. Aufl.

Karl Barth:
Lebensregeln für ältere Menschen im Verhältnis zu jüngeren

1. Du sollst dir klar machen, daß die jüngeren, die verwandten oder sonst lieben Menschen beiderlei Geschlechts ihre Wege nach ihren eigenen (nicht deinen) Grundsätzen, Ideen und Gelüsten zu gehen, ihre eigenen Erfahrungen zu machen und nach ihrer eigenen (nicht deiner) Fasson selig zu sein und zu werden das Recht haben.

2. Du sollst ihnen also weder mit deinem Vorbild noch mit deiner Altersweisheit, noch mit deiner Zuneigung, noch mit Wohltaten nach deinem Geschmack zu nahe treten.

3. Du sollst sie in keiner Weise an deine Person binden und dir verpflichten wollen.

4. Du sollst dich weder wundern noch gar ärgern und betrüben, wenn du merken mußt, daß sie öfters keine oder nur wenig Zeit für dich haben, daß du sie, so gut du es mit ihnen meinen magst und so sicher du deiner Sache ihnen gegenüber zu sein denkst, gelegentlich störst und langweilst und daß sie dann unbekümmert an dir und deinen Ratschlägen vorbeibrausen.

5. Du sollst bei diesem ihrem Tun reumütig denken, daß du es in deinen jüngeren Jahren den damals älteren Herrschaften gegenüber vielleicht (wahrscheinlich) ganz ähnlich gehalten hast.

6. Du sollst also für jeden Beweis von echter Aufmerksamkeit und ernstlichem Vertrauen, der dir von ihrer Seite widerfahren mag, dankbar sein, du sollst aber solche Beweise von ihnen weder erwarten noch gar verlangen.

7. Du sollst sie unter keinen Umständen fallen lassen, sollst sie vielmehr, indem du sie freigibst, in heiterer Gelassenheit begleiten, im Vertrauen auf Gott auch ihnen das Beste zutrauen, sie unter allen Umständen lieb behalten und für sie beten.

Carl Zuckmeyer – Karl Barth, Späte Freundschaft in Briefen, Theologischer Verlag, Zürich, 1980, 56 f.

Christsein

Ehrlich,
aber nicht lieblos.
Sensibel,
aber nicht gereizt.
Strebsam,
aber nicht verbissen.
Offen,
aber nicht unkritisch.
Treu,
aber nicht starr.
Überzeugt,
aber nicht fanatisch.
Gütig,
aber nicht dumm.
Gewaltlos,
aber nicht wehrlos.
Konsequent,
aber nicht rücksichtslos.
Erfolgreich,
aber nicht überheblich.
Humorvoll,
aber nicht ausgelassen.
Einfach,
aber nicht harmlos.
Von Gott erfüllt,
aber nicht weltlos.

Das Bild vom Menschen in Humanwissenschaften und Philosophie

19 Tobias Brocher: Vor der Entscheidung

Die Stufe des Lebens zwischen 21 und 30

Zum Dialog von Theologie und Humanwissenschaften und Philosophie

Die Humanwissenschaften (wie z.B. Psychologie, Soziologie und Humanbiologie) befassen sich jeweils nur mit einem Ausschnitt menschlicher Wirklichkeit und beanspruchen daher auch nur im Rahmen ihrer Fragestellungen Gültigkeit. Die humanwissenschaftlichen Forschungen erwachsen aus konkreten Erfahrungs- und Lebensprozessen; mit ihren Fragestellungen beteiligen sie sich an der Suche nach dem »wahren Menschsein«.

Wenn die Theologie sich ernsthaft an der Suche nach dem wahren Menschsein beteiligen will und sich dabei der Begrenztheit und Wandelbarkeit des Menschseins bewußt ist, ist sie auf die von den Humanwissenschaften entdeckten Fragen und deren Antworten angewiesen. Die Theologen müßten freilich den Dialog in »kritischer Solidarität« führen, indem sie nach den in den Humanwissenschaften vernachlässigten und verschütteten Aspekten des Menschseins fragen und gerade so auf die Begrenztheit alles (auch des theologischen!) Wissens um den Menschen hinweisen. Dabei kann es für die Theologen nicht um Besserwisserei gehen, sondern sie müssen – um des Menschen willen! – in diesem für sie oft unbequemen Dialog bereit sein, sich korrigieren oder gar in Frage stellen zu lassen.

Die Philosophie versucht in Stellungnahmen zu Grundproblemen der Zeit, das Ganze in den Blick zu bekommen. Die philosophische Anthropologie fragt nach dem ganzen Menschen und versucht einen Gesamtentwurf des Menschen zu formulieren. Der Dialog zwischen Theologen und Philosophen gilt – aus der Sicht der Theologie – der Frage, ob der philosophische Entwurf wirklich für alle Bereiche und Erfahrungen des menschlichen Lebens Geltung beanspruchen kann und welche Folgen für das praktische Handeln sich aus dem Entwurf ergeben.

Der Sozialpsychologe Tobias Brocher beschreibt in seinem Buch »Stufen des Lebens« das Leben als eine unumkehrbare Wegstrecke, bei der die folgende Lebensstufe erst bewältigt werden kann, wenn die vorhergehende wirklich durchlaufen und verarbeitet wurde. Auf die Stufen der Kindheit, der Pubertät und der Adoleszenz folgt die Stufe des »jungen Erwachsenen«, die Stufe »Vor der Entscheidung«, die im folgenden Buchauszug beschrieben wird. Je nach schulischem und beruflichem Werdegang haben Menschen dieses Alters bereits eine Familie gegründet und bilden in ihrem Beruf selbst schon wieder andere aus oder – wie der junge Erwachsene, der sich auf einen längeren Bildungsweg eingelassen hat – sie sind noch in einem längeren Lehr-Lernverhältnis. Dann beherrscht sie der Zwiespalt, sich einerseits entscheiden zu müssen, weil die Umgebung es eigentlich in diesem Alter von ihnen erwartet, und andererseits sich noch nicht entscheiden und festlegen zu können.

Konkurrenz und Kooperation

Nun ist der Erwerb von Wissen keineswegs der einzige Lernprozeß, der die Entwicklungsvorgänge zur Stufe des jungen Erwachsenen bestimmt. Sein Interesse ist weitaus stärker auf die bedeutsamen Beziehungen innerhalb der Altersgruppe gerichtet, in der er Modelle der Führung, der Beziehung von Gruppen untereinander, den Wechsel von einer Gruppe zur anderen einschließlich der damit verbundenen Loyalitätskonflikte im Interesse der Stabilisierung eigener Identität erproben kann. Der Kampf der vorausgehenden Lebensstufe um eine einmalige, von anderen sich unterscheidende subjektive Identität, die dennoch nicht zu weit aus der Altersgruppe herausfällt, wird fortgesetzt. Doch hier scheiden sich die Wege bereits deutlich. Während ein geringer Prozentsatz jugendlicher Erwachsener eine vorübergehende Isolation nicht scheut, um nahezu besessen eine sich auf ganz spezifische Weise unterscheidende Identität, oft als Künstler oder Wissenschaftler, zu begründen, ist die Mehrheit um ihre Solidarität mit gleichaltrigen Partnern beider Geschlechter bemüht. Intimität, einander wirklich nahekommen in oft idealisierten Freundschaften, ist gleichsam der Vorbote ernsthafterer Gefühlsbeziehungen, die nicht selten zunächst mit großer Intensität am eigenen Geschlecht erlebt werden. Die haltbarsten und ernsthaftesten Freundschaften von Mann zu Mann genauso wie von Frau zu Frau entstammen dieser Lebensstufe. Es ist, als trete gleichsam der intime Freund oder die Freundin an die Stelle der verlorenen Eltern, noch bevor ein ernsthafter Schritt auf einen Partner des anderen Geschlechtes hin möglich ist und vollzogen wird. Das bedeutet keineswegs, daß nicht zuvor oder gleichzeitig mehr flüchtige, unverbindliche sexuelle Beziehungen zum anderen Geschlecht bestehen oder aufgenommen wurden. Solche Beziehungen haben jedoch mehr die Bedeutung von fast physisch-biologischen Abreaktionen ohne echtes Bedürfnis nach tieferer Bindung. Auch hier herrscht der Grundsatz, die Unendlichkeit der Möglichkeiten, solange es irgend geht, offenzulassen und sich nicht festzulegen, für beide

Geschlechter. Die Klage moderner junger Frauen geht eher dahin, daß junge Männer sich in Gefühle verwickeln, Besitzansprüche stellen, sofort heiraten wollen und leicht den Pascha spielen, während die Frau ihrerseits zunächst einfach nur von dem gleichen Recht der Erprobung und Triebbefriedigung Gebrauch machen möchte, das der Mann als nahezu selbstverständlich für sich in Anspruch nimmt. Die Angst des jungen Mannes, in eine Falle zu geraten und geheiratet zu werden, hat wenig mit der Realität der Frau zu tun, stammt vielmehr aus den verbleibenden Resten der kindlichen Angst, von einer übermächtigen Mutter erneut verhaftet zu werden, was zugleich jedoch auch Anlehnungswunsch ist. Die Kontrolltendenz des jungen Mannes, sein unbewußter Dominanzanspruch in einer unechten Herrscherrolle verraten meist nur seine größere Unsicherheit und Unreife, denn, beim Wort genommen, ergreift er meist angesichts einer möglichen Heirat eher die Flucht, als eine bleibende Bindung vorzeitig einzugehen. Die verborgene Konkurrenzbedeutung sexueller Beziehungen kommt mitunter auch darin zum Ausdruck, daß für beide Geschlechter der jeweils erwählte Partner mehr als Demonstrationsobjekt benutzt wird, das durch Vorzeigen sowohl den Neid der Rivalen wie auch die eigene Potenz unterstreichen soll. Ist das mit Hilfe von gut aussehenden Frauen oder Männern nicht möglich, so müssen Autos, Kleider oder andere besondere Heldentaten dem gleichen Zweck dienen. Nicht zu Unrecht gilt ein bestimmter Typ von Sportwagen in der Welt junger Erwachsener als »rollender Phallus«, der sexuelle Potenz bestätigen soll, die anderweitig nicht nachgewiesen werden kann. Der Lernprozeß dieser Lebensstufe spielt sich in einem ständig wechselnden Durcheinander von Konkurrenz und Kooperation ab. Gegnerschaft und Zusammenarbeit heben einander nicht unbedingt auf, sondern es ist möglich, mit einem Nebenbuhler um ein Mädchen gleichzeitig auf einer anderen Ebene zusammenzuarbeiten, wobei die verschiedensten Formen der Rivalität *und* gleichzeitigen Übereinstimmung auf anderen Gebieten erprobt und oft unbewußt ausagiert werden. Dieser Zusammenhang gilt für beide Geschlechter...

Unverbindlichkeit oder Bindung

In aller Lebensfülle der unendlichen Möglichkeiten wächst zugleich mit zunehmendem Alter, je nach Ausbildungsstand und Beruf, von innen her die Furcht, entscheidende Möglichkeiten zu verpassen. Diese Einsicht wird keineswegs immer vom Berufsleben, erfolgreich beendeten Studium oder verlockenden Beförderungsangeboten bestimmt. Vielmehr führt weit häufiger die Erfahrung mit einem Partner oder einer Partnerin, denen echte Zuneigung galt, zu einem schmerzlichen Erlebnis. Das beglückende Erlebnis, sich selbst in einem anderen verlieren und neu wiederfinden zu können, führt leicht zu dem jähen Bewußtsein, durch eigene Unentschlossenheit Glück versäumt zu haben, wenn der Partner durch allzulanges Zögern, Hinhalten oder Zerwürfnisse sich schließlich einem Dritten zuwendet und endgültig davongeht. Manchmal häufen sich mehrere Erfahrungen versäumter Gelegenheiten auf verschiedenen Ebenen, die schließlich die Richtung der früheren Angst, sich vorzeitig festzulegen, dahingehend umkehren, daß nun eher eine Art Torschlußpanik entsteht. Hinzu kommt, daß die Unverbindlichkeit und Freiheit des im wahrsten Sinne Jung-Gesellen-Lebens auch Unbequemlichkeiten mit sich bringt. So verlockend es für lange Zeit erscheinen mag, mit leichtem Gepäck bei jedem Anruf für beliebige neue Abenteuer ohne Beschwernis verfügbar zu sein, so sehr wächst gleichzeitig das Bewußtsein, daß doch eines Tages eine Entscheidung getroffen werden muß, die sowohl der Außenwelt wie dem eigenen Selbst gegenüber eine annehmbar klare Zukunftsperspektive erkennen läßt. Auch hier bestimmt die Zugehörigkeit zur Gruppe der Gleichaltrigen und nicht das Elternhaus den nächsten Schritt allein schon dadurch, daß mehr und mehr Freunde abbröckeln, die sich entschieden haben und bereits auf dem Wege zur nächsten Lebensstufe sind. Sosehr manche Propagandisten beiderlei Geschlechts aus ideologischen Gründen Ehe und Elternschaft verschmähen mögen, die statistische Mehrheit junger Erwachsener und Heranwachsender bejaht unverändert als Ziel dieser Lebensstufe dennoch Ehe und Familie.... Man wird diesen Ausgang der Lebensstufe des jungen Erwachsenen kaum als ungewöhnlich oder abnorm bezeichnen können....

Darüber hinaus wäre jedoch auch zu fragen, welche anderen Stabilisationsfaktoren sich denn dem jungen Erwachsenen anbieten würden, der anerkennt, daß die Zeit nicht umkehrbar ist und ihm Verpflichtungen zur Bewältigung mehrerer Lebensstufen auferlegt, die er kaum abwenden kann, solange er sich für das eigene Leben und für die Zukunft der Gesellschaft verantwortlich fühlt. ...

Am Ende der Lebensstufe des jungen Erwachsenen sind zwei Entscheidungen gefallen, die den weiteren Lebensweg bestimmen: Im persönlichen Leben ist es die Entscheidung für einen bestimmten Partner oder der Rückzug in die Isolation, die durchaus auch konstruktiven Zielsetzungen dienen kann. Im beruflichen Leben ist die Entscheidung für eine bestimmte Entwicklung gefallen, deren einzelne Stufen nahezu bis zur Lebensmitte hin zu übersehen sind. Die Festlegung erfolgt im Bewußtsein, daß diese Entscheidung andere mögliche Wege ausschließt, die zuvor als Traumwahl erschienen.

Freilich verläuft der Entscheidungsprozeß dieser Lebensstufe nicht immer so glatt, daß nicht bleibende Zweifel Unsicherheit in späteren Lebensstufen verursachen könnten. Der Selbstzweifel ist aber dann meist auf frühere Lebensstufen zurückzuführen, deren Nachhol- und Korrekturbedarf nicht erfüllt wurde, weil Angst vor Veränderung überwog. Die meisten Menschen versuchen immer wieder von neuem, die gleichen psychologischen Umweltbedingungen herzustellen, an die sie seit ihrer Kindheit gewöhnt sind. Werden solche »Hänger« nicht aufgearbeitet, so kann es in der Lebensmitte leicht zu einer Anhäufung von aufgeschobenen Konflikten kommen, die dann alle auf einmal gelöst werden sollen. ...

Jung und Alt

Eine letzte Schwierigkeit verdient Beachtung, da sie oft von der älteren Generation übersehen wird. Es ist gewiß nicht böse Absicht, sondern eher falsches Verständnis, wenn etwa eine Mutter auf den beglückten Bericht der heimkehrenden Tochter, daß sie nun den Mann für das Leben gefunden habe, sofort mit den Worten reagiert: »Ach ja, das kenne ich« und von sich selbst zu reden beginnt. Von der Adoleszenz an kämpft der junge Erwachsene nicht nur um die Einmaligkeit und Unverwechselbarkeit seiner Identität, sondern auch um die Erstmaligkeit seiner subjektiven Erlebnisse, die nach seiner Auffassung kein anderer vor ihm jemals so erlebt haben kann. Im Prinzip ist das durchaus richtig, denn es gibt kaum zwei Menschen, die in ein- und derselben Situation das gleiche erleben. Beide sind in völlig verschiedenen Welten aufgewachsen. Nicht einmal eineiige Zwillinge erleben innerlich das gleiche, da der andere Zwilling stets als ein anderer im Bewußtsein bleibt, so groß die äußere Ähnlichkeit und Nähe der Empfindung auch sein mag.

Es ist eine Kränkung für jeden jüngeren Menschen, wenn Ältere die Erstmaligkeit seines Erlebens und seiner Eigenständigkeit damit abwerten, daß sie ihm aufdrängen, wie sie selbst lange zuvor genau das gleiche erlebt haben, das eben in Wahrheit nicht das gleiche ist. Sicher sucht der junge Erwachsene Verständnis und Bestätigung für seine Ideen und Erlebnisse. Er braucht sie, um sich sicher zu fühlen, aber es enttäuscht ihn, von anderen zu hören, daß seine Erfahrung nicht neu ist, obwohl sie ihm selbst völlig neu erscheint. Die Kunst, zuzuhören, geht mehr und mehr verloren, weil die meisten Menschen zu gerne von sich selbst reden. Für den jungen Erwachsenen ist die Bereitschaft des Älteren, ihn ohne sofortigen Kommentar anzuhören und einfach Verständnis zu vermitteln, eine unschätzbare Entwicklungshilfe. Erst wenn der Jüngere selbst die Frage stellt, ob ähnliches von anderen wohl zuvor erlebt und erfahren wurde, wäre der Zeitpunkt gekommen, sehr behutsam das Alterstypische oder Berufsspezifische zu bestätigen, ohne dadurch die Erstmaligkeit der Erfahrung des Jüngeren zu verringern oder abzuwerten.

In der beruflichen und privaten Beziehung zwischen älteren und jüngeren Erwachsenen wird sofort sichtbar, ob der Ältere seine eigene Lebenslektion gelernt und die Reifestufe seines Alters erreicht hat. Reagiert er mit Konkurrenzangst, bläht sich auf und muß seine Überlegenheit und größere Erfahrung sofort beweisen, so ist er selbst nicht sehr weit über die Stufe des Reifungsalters hinausgekommen und wird logischerweise dann den Jüngeren zu einem ähnlichen Konkurrenzverhalten verleiten, wenn dieser nicht stillschweigend und höflich den Zusammenhang erkennt und sich nicht auf eine solche Art der Beziehung einläßt. Umgekehrt haben viele junge Erwachsene das Bedürfnis, entweder sich an Elterngestalten anzulehnen oder gegen sie zu rebellieren. Der Ältere wird dadurch leicht unfreiwillig in eine Rolle hineingezogen, die er gar nicht will. Im Lernprozeß des Lebens bleibt es eine der schwierigsten Aufgaben, ein vernünftiges Gleichgewicht zwischen Mentor und Lernendem herzustellen, zumal die Dauer einer solchen Beziehung zeitlich absehbar dadurch begrenzt ist, daß im weiteren Lebensablauf der Wunsch nach Ablösung und Eigenständigkeit sich zunehmend verstärkt.

Tobias Brocher, Stufen des Lebens, Kreuz Verlag, Stuttgart, Berlin, 1977, 65–81 (in Auszügen)

Gott, gib mir die Gelassenheit,
die Dinge hinzunehmen,
die ich nicht ändern kann.
Den Mut, die Dinge zu ändern,
die ich ändern kann.
Und die Weisheit,
das eine vom anderen zu unterscheiden.

Friedrich Christoph Oetinger (1702–1782)

20 Fritz Riemann: Angst

Bei aller Verschiedenheit unserer Ängste, die von unseren individuellen Anlagen und Lebensbedingungen abhängen, gibt es doch bestimmte Ängste, die wir alle kennen und durchmachen müssen, weil sie zu unserem Menschsein, zu unserer Befindlichkeit in der Welt gehören und mit unseren Abhängigkeiten gegeben sind. Diese Grundängste, wie ich sie nennen will, spiegeln unser Ausgespanntsein zwischen vier Forderungen wider, die das Leben an uns stellt und die wir erfüllen sollen. ...

I Existenzangst

Die erste Forderung, die mit der Geburt einsetzt, ist die, daß wir uns der Welt und dem Leben vertrauend öffnen sollen, gleichsam »Ja« sagen sollen zu unserem Dasein. Nie wieder in unserem Leben sind wir aber so total abhängig und hilflos der Umwelt ausgeliefert wie in den ersten Lebenswochen. Nie wieder haben wir zugleich so viele neue Anpassungen zu vollziehen, und nie wieder ist unsere Unfähigkeit, unsere Bedürfnisse und Nöte auszudrücken, uns jemandem verständlich zu machen, uns zu wehren, so groß wie in dieser Zeit. Daher werden Not- und Mangelerlebnisse hier als unser ganzes Dasein bedrohend erlebt. Dieses völlige Ausgeliefertsein, unsere hilflose und wehrlose Abhängigkeit, unsere Ungeborgenheit und das Überfremdetwerden unseres Eigenwesens durch die Umwelt sind daher die Grundlage unserer tiefsten und frühesten Angst, die wir die Existenzangst nennen wollen.

Es hängt nun entscheidend von unserer frühen Umwelt ab, ob wir gegen diese Existenzangst im allmählich sich entwickelnden Vertrauen die erste Gegenkraft finden können. Dafür müssen wir die Verläßlichkeit, die Stabilität und die regelmäßige Wiederkehr von Menschen und Dingen erleben, durch die sie uns langsam vertraut werden. Vertrautwerden mit Menschen und mit der Welt ist die Basis des Vertrauens, und Vertrauenkönnen ist der wichtigste Schutz gegen die Existenzangst. Erst durch die Geborgenheit gebende verläßliche Nähe der Mutter wird es uns ermöglicht, unsere Angst aufzulösen und uns in der Welt heimisch zu fühlen.

Waren wir aber in dieser Zeit einem zu häufigen Wechsel unserer Bezugspersonen oder zu häufigem Ortswechsel ausgesetzt; wurden wir durch Sinneseindrücke überflutet, die wir nicht verarbeiten konnten; oder erlebten wir im Gegenteil durch zu viel Einsamkeit und Alleingelassenwerden die Welt als leer, weil sie uns zu wenig Reize und Eindrücke vermittelte, bleibt uns die Welt unheimlich, wir erleben sie als bedrohlich oder feindlich. Anstatt vertrauensvoll der Welt sich zuwenden zu können, entwickelt das Kind von früh an ein tiefes Mißtrauen, das zur Grundgestimmtheit seines gesamten Lebensgefühles wird. ...

Der in seinem Verhältnis zur mitmenschlichen Umwelt frühest Gestörte, der schizoide Mensch, müßte also vertrauen lernen, müßte es wagen, aus der Kälte seiner Einsamkeit in die wärmende Nähe mitmenschlicher Kontakte zu kommen. Nur so kann er neue Erfahrungen machen, die ihm helfen, sein früh entstandenes Mißtrauen und seine Angst aufzulösen.

II Trennungsangst

Nun ist die Zeit dieses völligen Ausgeliefertseins glücklicherweise nur kurz, und die Fähigkeit, seine Bedürfnisse so auszudrücken, daß sie von der Umwelt verstanden werden, wachsen dem Kind bald immer reicher zu. Aber nach jener frühesten Angst, der Existenzangst, werden wir bald mit einer neuen Angst konfrontiert; in dem Maße nämlich, in dem das Kind die Mutter als die Quelle aller Geborgenheit und Bedürfnisbefriedigungen erkennt und in dem sie dadurch zum wichtigsten Bezugspunkt seines Daseins wird, wächst das Bewußtsein seiner Abhängigkeit von ihr. Es braucht und sucht ihre Nähe, und wenn sich die Mutter entfernt, bekommt es Angst. Mit diesem Wissen um unsere Abhängigkeit sind nun alle Ängste gegeben, die wir als Trennungsangst oder Verlustangst bezeichnen können. Auch sie begleiten uns durch unser weiteres Leben, wenn auch meist nicht mehr mit der gleichen Intensität wie in der Kindheit. Je tiefer wir lieben und geliebt werden, um so mehr haben wir zu verlieren und um so mehr bedroht uns die Verlustangst, gegen die es keine letztliche Sicherung gibt.

Die Gegenkraft, die wir brauchen, um Trennungen zu ertragen, ist die Hoffnung. Aber auch unser Hoffenkönnen hat eine Geschichte und ist gebunden an die Erfahrung, daß unsere Hoffnungen sich in unserer Kindheit oft genug erfüllt haben. Erst dann können wir es lernen, zuversichtlich zu warten, wenn wir es als Kind erlebt haben, daß die

Mutter, die uns eben verlassen hat, wiederkommt und da ist, wenn wir sie brauchen. So erleben wir allmählich die Sicherheit, daß wir nicht im Stich gelassen werden und können die Abwesenheit der Mutter ohne Angst ertragen. Mit solchen Früherfahrungen werden wir auch später im Leben Frustrationen, Abschiede, Trennungen und Einsamkeit leichter aushalten, weil wir hoffen und glauben gelernt haben. Das vermittelt uns eine optimistische Grundgestimmtheit, die für unser ganzes Leben ein unschätzbares Kapital darstellt.

Erst auf der Grundlage einer solchen Sicherheit, die eine geglückte Mutterbeziehung uns ermöglicht, können wir die zweite Forderung erfüllen, die das Leben an uns stellt: nämlich, uns zu einem eigenständigen Individuum zu entwickeln. Waren wir indessen in jener Entwicklungsphase nicht in der Lage, solche glücklichen Erfahrungen zu machen, kann auch später noch die Trennungs- und Verlustangst ein äußerst quälendes Ausmaß annehmen und sich bis zur Panik steigern. Schon bei kurzfristigen Trennungen kann dann die alte Angst vor dem Alleingelassenwerden wieder aktiviert werden, die uns als Kind in hoffnungslose Verzweiflung stürzte. Wenn wir nicht jene Sicherheit kennengelernt haben, wird ein Abschied, eine Trennung immer wie etwas Endgültiges, wie ein Weltuntergang erlebt, ohne Hoffnung, daß das Leben neue Erlebnismöglichkeiten hat. ...

Die Menschen mit diesem Kindheitshintergrund übergroßer Abhängigkeit – es sind die depressiven Menschen – haben als tiefstes Lebensgrundgefühl eine pessimistische Einstellung. Sie leben immer mit dem Bedrohtheitsgefühl möglicher Verluste und fürchten, in die Einsamkeit und Verlassenheit zu fallen, sobald sie den Griff etwas lockern, mit dem sie den Partner festhalten. Sie fürchten es, sich oder dem Partner die Möglichkeit zu unabhängiger, eigenständiger Entwicklung zu lassen, zu gesunder Abgrenzung, weil jede Selbständigkeit die zu enge Bindung zu bedrohen scheint. Und doch liegt nur darin die Gegenkraft gegen die Verlustangst; denn je mehr man selbst etwas ist und kann, um so weniger braucht man so völlig von einem anderen abhängig zu werden.

III Angst vor Schuld und Strafe

Mit zunehmender Eigenständigkeit des Kindes wird es sich aus der engen Mutterbindung lösen wollen. Es entwickelt seinen Eigenwillen immer stärker, es lernt laufen und sprechen und wird damit immer selbständiger. Mit seinen neuen Fähigkeiten kann es nun erstmalig in Konflikt mit der Umwelt kommen; sein Wille kann mit dem der Eltern zusammenstoßen, die gewisse Ordnungen von ihm verlangen, ihm Gebote und Verbote setzen. Aus den Reaktionen der Eltern auf sein Verhalten lernt das Kind nun, erlaubt und unerlaubt zu unterscheiden, und kann sich im Gehorchen als gut, im Ungehorsam als böse erfahren. Damit erlebt es eine neue Angst: die Angst vor Schuld und Strafe. Es erlebt erstmals die Möglichkeit seines eigenen Böseseins und beginnt den Kausalzusammenhang zwischen seinem Tun und dessen Folgen zu verstehen. In einer Atmosphäre von lebendiger Ordnung und von Verständnis für das Kind, wo ihm notwendige Grenzen gesetzt werden, ohne es autoritär zu dressieren oder lieblos zu zwingen, kann es die Anfänge gesunder Selbstbeherrschung und in kritisch prüfender Auseinandersetzung mit der Autorität und deren Forderungen selbständig urteilen und entscheiden lernen. Das wird ihm allmählich die Einsicht in die Notwendigkeit gewisser Ordnungen ermöglichen und zur Grundlage seines sittlichen Wertbewußtseins werden.

Unsere Angst vor Schuld und Strafe, die Gewissensangst, wie wir sie auch nennen können, ist nun in ihrer Intensität wieder entscheidend abhängig davon, wie wir sie als Kinder erlebten. Starre, prinzipielle und autoritäre Verhaltensweisen der Eltern, harte Strafen und schwer zu erringende Verzeihung schaffen im Kind eine Schuldgefühlsbereitschaft und Strafangst, die ihm den Mut zum Wagnis, zur selbstverantwortlichen Entscheidung völlig nehmen können. Vor allem, wenn Gebote und Verbote zu früh an das Kind herangetragen werden und es somit altersgemäß überfordert wird, können die Folgen besonders belastend sein. Man wird sich dann auch später immer an das Gelernte und Vorgeschriebene halten, sich um jeden Preis anpassen, weil die möglichen Folgen seines Verhaltens immer drohend wie ein Damoklesschwert über einem hängen.

So kann man die dritte Forderung des Lebens nicht erfüllen: den Mut zum Wagnis und zur Wandlung, zur Selbstverantwortung und freien Entscheidung. Anstatt zu vernünftiger Selbstbeherrschung und Selbstkontrolle kommt es dann zur Überanpassung bis zur Gefügigkeit und Rückgratlosigkeit. Statt frei zu wählen und sich zu entscheiden, lehnt man sich immer nur an die gegebenen Normen an, tut, ungeprüft auf Wert oder Unwert, nur, was »man« tut, um nicht von der Norm abzuweichen und in den Konflikt zu kommen, eine eigene Entscheidung treffen zu müssen.

So können Korrektheit und Verläßlichkeit, aber andererseits auch Mangel an Spontaneität, Risikofreudigkeit und Originalität sowie das Ausweichen vor selbstverantwortlichen Entscheidungen entstehen, die den zwanghaften Menschen kennzeichnen. Jedes Abweichen von dem, was er als »richtig« gelernt hat, löst bei ihm Angst aus, zumindest Unsicherheit. Deshalb wäre es ihm am liebsten, wenn in der Welt alles beim alten bliebe, damit er nicht vor neue Situationen gestellt wird, für die er kein Rezept gelernt hat und in denen er daher in eigener Verantwortung eine Entscheidung treffen müßte. Zur Vermeidung von Gewissenskonflikten und Schuldgefühlen und aus seiner Strafangst bleibt er in der Angepaßtheit stecken, hält starr am Gelernten fest und läßt die vorgefundenen Normen für sich entscheiden – dankbares Objekt für alle Machthaber, die in ihm ein immer gefügiges Werkzeug finden. Solange er sich an das hält, was man von ihm erwartet, meint er das Richtige zu tun, weiterhin sich wie ein Kind verhaltend, das ohne zu fragen den Willen der Eltern ausführt. ...

Das heute gern propagierte Gegenteil liegt dort vor, wo dem Kind zu wenig Grenzen gesetzt werden, wo es antiautoritär, wie man zu sagen pflegt, also eigentlich gar nicht erzogen wird. Solche Kinder lernen zwar die Schuld- und Strafangst nicht kennen; aber der weitgehende Mangel an erlebter lebendiger Ordnung und der Ausfall an Führung kann die Angst vor den Möglichkeiten der eigenen Willkür mit sich bringen. Ein Übermaß an Freiheit und Ungebundenheit vermittelt zu wenig Orientierung und macht auch nicht angstfrei.

Die Hilfe gegen die Angst des zwanghaften Menschen liegt im Wagnis selbstverantwortlicher Entscheidung, die nichts ungeprüft übernimmt, nur weil man es so gelernt hat.

IV Angst vor Minderwertigkeit

Nach dieser Zeit, in der das Kind sich aus der engen Mutterbindung lösen und selbständiger werden sollte, muß es nun lernen, mit der neu gewonnenen Selbständigkeit umzugehen. Mit dem Entdecken des Geschlechtsunterschiedes und dem rivalisierenden Sich-Messen mit anderen werden neue Ängste in ihm wach: die Angst vor der Begrenztheit seines Wesens, die Angst, sich neben anderen bewähren zu müssen, die Angst vor der Zukunft als einem Felde zu erfüllender Forderungen und Erwartungen.

Für diese neuen Entwicklungsschritte braucht das Kind Vorbilder, mit denen es sich identifizieren kann, besonders auch Vorbilder für seine eigene zukünftige Geschlechtsrolle. Die Identifikation mit den elterlichen Vorbildern soll es dem Kind allmählich ermöglichen, ein Leitbild für sich selbst zu finden, das schließlich zur Identität mit sich selbst führt und zu einem gesunden Selbstwertgefühl. Das Kind will sich nun als Gesamtpersönlichkeit liebenswert erleben, auch als Geschlechtswesen. Der Wunsch, sich als liebenswert zu erfahren und zu fühlen, daß auch seine Liebe anderen etwas bedeutet, ist hier viel personaler und ganzheitlicher als in den früheren Phasen der Entwicklung. Damit konstelliert sich die Angst vor dem Erleben des eigenen Unwertes, vor dem Nichtliebenswertsein, mit den Abwandlungen dieser Angst als Angst vor der Blamage, vor dem Versagen, vor dem Nicht-Können und vor Gefühlen der Minderwertigkeit, die alle auf dem Boden des Sich-nicht-angenommen-Fühlens erwachsen. Im weiteren Leben können diese Ängste als Lampenfieber, Prüfungsangst und als Angst vor der Hingabe oder vor eroberndem Werben sich fortsetzen, als Angst vor rivalisierender Auseinandersetzung mit anderen. Die zentrale Angst ist also hier die vor dem Erleben des eigenen Unwertes, die nun nicht als Abgelehntwerden wegen nicht erfüllter Forderungen oder Gebote erlebt wird, sondern als den gesamten Selbstwert betreffend, das ganze Sein in Frage stellend. Dies macht die Intensität der Angst bei den Menschen verständlich, die zum hysterischen Strukturkreis gehören.

Bei ihnen ist aus verschiedenen Gründen die Identifikation mit gesunden elterlichen Vorbildern nicht geglückt. Mehr als in den Vorphasen ist nämlich in dieser Zeit die Reife der Eltern für das Kind wichtig, weil es hier an ihnen überzeugende Vorbilder sucht und braucht. Es muß ihm reizvoll vorkommen, erwachsen zu werden, als eine lohnende und lockende Aufgabe erscheinen, in die Welt der Erwachsenen hineinzuwachsen. Ist die ihm vorgelebte Welt dagegen chaotisch oder überfordernd, fühlt es sich nicht angenommen, spürt es die Unechtheit der Eltern oder merkt, daß sie eine doppelte Moral haben und das, was sie ihm verbieten, selber tun, wird es Angst vor dem nun fälligen Reifungsschritt bekommen. ...

Auf solcher Grundlage können wir die vierte Forderung des Lebens nicht erfüllen: das Annehmen der Notwendigkeiten und Gesetzmäßigkeiten, die zur Wirklichkeit unseres Lebens gehören. Aus Angst, durch sie festgelegt zu werden oder vor ihnen zu versagen, versucht man, sich ihnen zu entziehen in eine alles relativierende Unverbindlichkeit und Scheinfreiheit, oder man behält eine Wunschwelt bei, in der man weiter glauben kann, daß der Wunsch genügt, etwas werden zu wollen, um das Gewünschte zu erreichen, ohne dafür besondere Anstrengungen machen zu müssen.

Die Hilfe kann hier nur darin liegen, zur Identität mit sich selbst zu finden. Das hieße, seine Rollen abzulegen, sich nicht mehr mit Vorbildern aus seiner Kindheit nachahmend zu identifizieren oder mit Wunschbildern von sich selbst, sondern wirklich mit sich selbst, mit seinem eigentlichen Wesen und dessen Möglichkeiten und Grenzen. Denn das Ausweichen vor der Wirklichkeit, auch vor der eigenen, schafft eine Kluft zwischen Wunschwelt und Realität, die immer tiefer wird und damit die Angst verstärkt.

Fritz Riemann, Angst; in: Hans Jürgen Schulz (Hrsg.), Psychologie für Nichtpsychologen, Kreuz Verlag, Stuttgart, Berlin, 1974, 62–66

21 Ilse Schwidetzki: Der Mensch ist der Affe, der spricht.

Stammt der Mensch vom Affen ab? Nein! Aber beide haben gemeinsame Vorfahren. Das ist die Meinung der heutigen Biologie. Der Mensch hat sich, wie auch die anderen Lebewesen, aus wenigen Urformen entwickelt. Seine Entstehung und Entwicklung folgt den gleichen Gesetzen wie die der anderen Organismen. Es war Charles Darwin (1809–1889), der diese »Spielregeln des Lebens« entdeckt und in seinem Buch »Über die Entstehung der Arten durch natürliche Zuchtwahl« (1859) erstmals beschrieben hat. Sie lauten:

1. Die Lebewesen verändern sich in erblicher Weise. (Mutation)
2. Die Lebewesen produzieren über ihre Arterhaltung hinaus einen Überschuß an Nachkommen.
3. Dieser Überschuß verändert das biologische Gleichgewicht und führt zu einem »Kampf ums Dasein«.
4. In diesem Kampf überleben diejenigen, die am besten an ihre Umweltbedingungen angepaßt sind und im Blick auf ihre Artgenossen am stärksten und widerstandsfähigsten sind. (Selektion)
5. Bei konstanten Umweltbedingungen passen sich die Arten an den Lebensraum an und entwickeln sich weiter zu »besseren« Lebensformen. Mißlingende Anpassung führt zum Aussterben. (Isolation)

Die Herkunft des Menschen aus dem Tierreich erklärt die vielen Gemeinsamkeiten zwischen Mensch und Tier. Sie haben z. B. Zellen gleicher Bauart, gleiche Bedürfnisse und sind in ihrem Verhalten sehr ähnlich. Mit diesen Gemeinsamkeiten beschäftigen sich verschiedene Disziplinen der modernen Biologie, so z. B. die Biochemie, die (Human-)Genetik und die Verhaltensforschung (Ethologie). Ohne die Kenntnis dieser Gemeinsamkeiten wären die moderne Pharmazie und Humanmedizin nicht denkbar.

Der Vergleich mit dem Tier zeigt jedoch nicht nur Gemeinsamkeiten zwischen beiden, sondern auch ihre Unterschiede. Neben eine »Anthropologie von unten«, die die Verwandtschaft von Mensch und Tier betont, tritt eine »Anthropologie von oben«, die die Sonderstellung des Menschen betont. Der Vergleich mit den Tieren, mit denen der Mensch am nächsten verwandt ist, zeigt, daß der Mensch ein Jahr zu früh auf die Welt kommt. Er ist in seinem ersten Lebensjahr völlig hilflos und muß mühsam die ersten Gehbewegungen lernen. Während das Tierjunge der höheren Säugetiere bei der Geburt weitgehend fertig ist und aufgrund seiner Instinkte »richtig« auf seine Umwelt reagieren kann, sind die Instinkte des Menschen verkümmert und sagen ihm nicht, wie er sich verhalten soll. Seine Verhaltensweisen und seine Persönlichkeit entwickeln sich erst im offenen, intensiven Zusammenspiel von Erbe und Umwelt. Die Instinktarmut begründet jedoch seine »Plastizität« und Erziehbarkeit. In dem ersten Lebensjahr beginnt der Mensch aufrecht zu gehen, einsichtige und umsichtige Handlungen auszuführen und erste Schritte

Als eines von den Verhaltensmerkmalen, die zu einer Definition des Menschen benutzt wurden, bleibt als wichtigstes noch die menschliche Sprache übrig. ...
Die biologische Verhaltensforschung unterscheidet unter den Kommunikationssystemen, unter denen sie also auch die Sprache einordnet, eine ganze Reihe von Systemen, die nicht akustisch wahrnehmbar sind, sondern durch Geruchssinn, Gesichtssinn oder Tastsinn. In allen diesen Kommunikationssystemen, insbesondere auch der Tierprimaten, wird die letzte Ebene der Sprachfunktion, die Darstellungsfunktion, nicht erreicht. Das ist also – vorsichtiger: das scheint zu sein – eine spezifisch menschliche Eigenschaft. Die Darstellung, die Abbildung der Realität, auch die Abbildung von zukünftigen und vergangenen Wirklichkeiten scheint tatsächlich nur Menschen möglich zu sein. Das gilt übrigens nicht nur für die lautlichen Kommunikationsmittel, sondern auch für

zum Erwerb der Sprache zu vollziehen. Zusammen mit dem hohen Gehirngewicht zeigt sich hier eine wesentliche Besonderheit des Menschen: seine Hände sind frei, ein Werkzeug unter der Führung eines »umsichtigen« Geistes und eines schöpferischen Gehirns zu führen. Der Spracherwerb verweist schließlich auf die soziale Bezogenheit des Menschen. Nur der Mensch lebt in einer sozialen Gemeinschaft von mindestens drei Generationen. Er wird daher stets in einer Gemeinschaft angetroffen, die mehr ist als eine Familie und anders ist als eine Herde. Sie ist der Raum, in der Sprache, Sitte, Recht, Glaube, Wissenschaft und Können weitergegeben werden.
Die moderne Biologie hat festgestellt, daß viele dieser Besonderheiten den Menschen nur quantitativ vom Tier unterscheiden. Die Frage bleibt, ob es auch einen qualitativen Unterschied gibt, ob es also etwas gibt, das es nur bei dem Menschen und nicht bei dem Tier gibt.

das, was man als Anfänge der Kunst bei den Primaten bezeichnen kann. Es gibt malende Schimpansen und andere malende Affen. Ihren Erzeugnissen kann man einen gewissen ästhetischen Charakter nicht absprechen. Aber trotz aller Bemühungen ihrer menschlichen Kunstlehrer bringen es auch die begabtesten Tiere niemals dazu, etwas abzumalen oder Gegenstände darzustellen, während sich in den Kritzeleien von Menschenkindern sehr früh schon Gegenständliches – wie Häuser und Menschen – herauszustellen beginnt.
Die Darstellungsfunktion der Sprache wird nach allgemeiner Auffassung durch Symbolbildung möglich. Die menschliche Sprache ist eine lautliche Symbolsprache. Lautäußerungen sind bei den Tieren, auch bei den Tierprimaten noch weitgehend ein Bestandteil der gegenwärtig erlebten Gesamtsituation, die nicht als selbständige Gebilde herausgelöst werden können. In der menschlichen Sprache dagegen wur-

den die Lautgebilde von den jeweiligen Situationen gelöst, versachlicht und in ihrer Bedeutung fixiert. Es entstanden Worte, die Dinge benennen. Sie werden zu Symbolen für Teile der Wirklichkeit. Die Bildung abstrakter Begriffe, das Manipulieren mit Begriffen statt mit den Dingen selbst, damit die Möglichkeit, nicht nur Beziehungen, sondern auch Beziehungen zwischen Beziehungen festzustellen, ist mit Hilfe von Symboldenken und Symbolsprache möglich. ...

Ein weiteres Kennzeichen des menschlichen Sprachverhaltens ist die freie Verfügbarkeit und Kombinierbarkeit der Elemente. Hier gelang es doch, Vorstufen bei den Tierprimaten zu finden. Es stellte sich heraus, daß die Kommunikationssysteme verschiedener Primaten zusammengesetzte Zeichen sind, also die Kombination von sichtbaren, hörbaren, fühlbaren und manchmal auch riechbaren Zeichen. Und bei höheren Primaten ließ sich nun feststellen, daß die konstituierenden Elemente eine gewisse freie Kombinierbarkeit zeigten. Sie konnten also in einem System, einer bestimmten Kommunikationsform ausgetauscht und ersetzt werden. Unabhängige Neuordnung von Signalelementen, sagt Marler, ist eines der Grundkennzeichen der menschlichen Sprache, und es ist interessant, sie – wenn auch in einfacher Form – schon bei Tieren zu finden. ...

Junge Schimpansen lernen also heute, Sätze zu bauen, teils mit Zeichensprache, teils mit diesen Blöckchen, Sätze mit Subjekt, Prädikat und Objekt, manchmal sogar mit zwei Objekten. Sie können dabei durchaus unterscheiden, was das Subjekt ist und was das Objekt; das muß allerdings durch die Wortfolge im Satz gekennzeichnet sein. Wenn eine Schimpansin also lernt, daß »Sarah kitzeln David« etwas anderes ist als »David kitzeln Sarah«, so muß eben die Wortfolge eingehalten werden; das Subjekt muß immer am Anfang stehen. Nun, auch andere Dinge, die man bisher nicht für möglich gehalten hatte, wurden bei diesen Versuchen gelehrt und gelernt von der Schimpansenseite, z.B. die Verneinung. Sonderbar, daß die Schimpansen etwas lernen, was nicht ist; oder Folgerungen ziehen, wenn das und das ist, dann ist das und das.

Tatsächlich ist mit diesen Untersuchungen, die noch in vollem Gange sind, belegt, daß offenbar mindestens bei Menschenaffen latente Möglichkeiten vorhanden sind, latente Möglichkeiten der Kommunikation und des symbolischen Ausdrucks, die durch diese Experimente herausgelockt werden. In der Evolution der Sprache dürften sie eine ganz wesentliche Grundlage dargestellt haben. Man muß sagen, daß heute auch die Sprache keine absolute Grenze mehr zwischen Tier und Menschen setzt; allerdings kommt es immer darauf an, wie man Sprache definiert; man kann sie selbstverständlich so definieren, daß sie nur auf den Menschen paßt. Aber ihre Wurzeln reichen zweifellos bis in das Tierprimatenverhalten herab. Rein quantitativ unterscheidet sich die menschliche Lautsprache ganz außerordentlich von dem Kommunikationssystem der Primaten; ...

Es gibt aber auch ein qualitatives Merkmal, das unterscheidet, und das ist die Tatsache, daß der Mensch eben eine Lautsprache hat. Zeichensprachen sind ja in unseren Augen doch nur reduzierte Sprachen, die nicht alles auszudrücken vermögen. Daß die Lautsprache in ihrer Leistungsfähigkeit der Zeichensprache überlegen ist, ist ganz klar. Wenn plötzlich das Licht hier ausgeht, kann ich trotzdem weitersprechen und mich Ihnen verständlich machen. Wenn ich dagegen mit der Zeichensprache oder etwa mit den Plastikklötzchen arbeiten müßte, könnte ich mich gerade mit der vordersten Reihe verständigen. Die Lautsprache ist also zweifellos leistungsmäßig weit überlegen; und auch der Inhalt der Sprache, die Möglichkeiten, sich sprachlich zu äußern, sind quantitativ außerordentlich gesteigert.

Ich glaube also, daß immer noch die Sprache unter allen Verhaltensweisen, mit denen man die biologische Definition des Menschen zu ergänzen versucht, am geeignetsten ist dafür, wobei man aber eben Sprache ein wenig einengen muß, weil eben doch sprachliche Vorformen auch schon bei den Tierprimaten vorliegen. Ich biete Ihnen also die neueste biologische Definition des Menschen an, was schon bei Aristoteles steht: der Mensch ist der Affe, der spricht.

Ilse Schwidetzki, Der Mensch – der Affe, der spricht?, Das Menschenbild der Biologie, in: Wolfgang Böhme (Hrsg.), Verneinung des Menschen?, Herrenalber Texte 8, Evangelische Akademie Baden, Postfach 2269, 7500 Karlsruhe 1, 21–26 (in Auszügen)

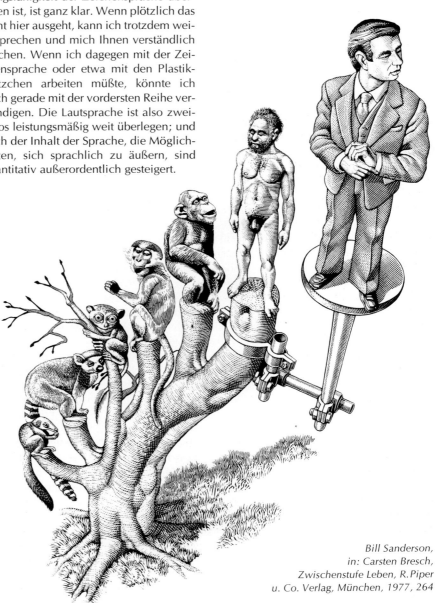

Bill Sanderson, in: Carsten Bresch, Zwischenstufe Leben, R. Piper u. Co. Verlag, München, 1977, 264

55

22 Der Mensch als sein eigenes Abbild

Erst eine gezielte Manipulation des genetischen Erbmaterials könnte die in den Chromosomen verankerte Individualität eines jeden Lebewesens ernsthaft in Gefahr bringen: Der Schritt von dem Retortenembryo zum Mensch aus der Retorte ist allerdings noch nicht getan – wohl aber denkbar.

Das belegt die hitzige Diskussion um ein Buch, das im vergangenen Jahr die Amerikaner in Atem hielt.

Der Autor David Rorvik schildert in einem als Tatsachenbericht angezeigten Werk »Nach seinem Ebenbild« die Geburt eines Kindes, das nur noch das Erbmaterial seines Vaters hat. Vermöge einer besonderen, »Klonierung« genannten Prozedur soll sich ein solipsistisch-schrulliger Millionär, der seinen extrafeinen Chromosomensatz nicht mit dem einer Frau vermengt sehen wollte, dank der Hilfe willfähriger Forscher eine genetische Kopie seiner selbst erzeugt haben. ...

Auch wenn alle kompetenten Wissenschaftler die Authentizität von Rorviks vermeintlichem Tatsachenbericht heftig bestreiten, ist doch wahr, daß neuerdings Eingriffe an Ei- und Samenzellen oder an wenigen Tage alten Embryos vorgenommen worden sind, die noch vor wenigen Jahren als Hirngespinste gegolten hätten.

Die Grundidee von »Klonierung«, die Herstellung identischer Kopien, ist nicht neu. Bereits 1952 versuchten sich – wenn auch erfolglos – zwei Forscher am Institut für Krebsforschung in Philadelphia mit dem Kopieren von Fröschen.

Der Durchbruch gelang 1962 dem Engländer Dr. John Gurden an der Oxford University. Für seine Experimente bediente er sich des Afrikanischen Krallenfrosches, der besonders leicht zu handhabende Eier liefert. Gurden zerstörte den genetisch relevanten, einzigen Zellkern der Eizelle durch intensive, präzise gerichtete Bestrahlung mit ultraviolettem Licht – eine Methode, die heutzutage mit scharf gebündeltem Laserstrahl viel einfacher ist. Dann verschaffte sich Gurden von einem Spender eine geeignete Körperzelle, die den vollständigen – doppelten – Chromosomensatz und damit das gesamte Erbprogramm des Spenders enthielt. Mit einer mikrochirurgischen Pipette wurde der Kern aus der Spenderzelle abgesaugt und unter einem Operationsmikroskop in die »entkernte« Eizelle implantiert.

Üblicherweise entsteht der doppelte Chromosomensatz, der in jeder Körperzelle enthalten ist, durch die Verschmelzung der Kerne von Ei- und Samenzelle, wodurch dann jedes Individuum die eine Hälfte seines Erbmaterials vom Vater und die andere Hälfte von der Mutter erhält.

Die zuvor »entkernte« Eizelle des Krallenfrosches akzeptierte – wie Gurdon vermutete – den doppelten Chromosomensatz als vollwertig und begann alsbald, sich zu teilen. In einigen Fällen gelang sogar die Aufzucht eines perfekten Frosches, der dann bis in alle Einzelheiten eine vollkommene Kopie des einen Frosches war, der die Spenderzelle geliefert hatte. ...

Die verblüffte Fachwelt orakelte sofort Bedenkliches: »Nichts deutet darauf hin«, so der Nobelpreisträger Joshua Lederberg, »daß es irgendwelche besonderen Schwierigkeiten gibt, so etwas auch bei Säugetieren oder beim Menschen zustande zu bringen, obwohl man es mit Recht als eine technische *tour de force* wird bewundern müssen, wenn es das erstemal gelungen ist. Es versetzt den Menschen in die Lage, die Evolution selbst zu unterminieren.«

Als möglichen Nutzen dieser Technik führte Joshua Lederberg noch 1971 auf dem Baseler Symposion der Ciba-Stiftung über den »Biomedizinischen Fortschritt und menschliche Werte« einige Argumente an. »Eine der Ovulation unfähige Frau könnte sich eine sonst vergeudete Eizelle borgen, sie mit dem Kern einer eigenen Körperzelle oder dem Kern einer vom Ehemann stammenden Zelle versehen lassen und sich diese Eizelle in ihren Uterus implantieren lassen. Es könnte aber auch das Ei einer fruchtbaren Frau mit dem Kern einer Körperzelle ihres Ehemannes versehen werden, wenn dieser keine Samenfäden erzeugen kann.«

Die Phantasien eilten indes den Möglichkeiten voraus; denn bald zeigte es sich, daß die an Froscheiern geglückten Experimente nicht ohne weiteres an Eiern von Säugetieren wiederholt werden konnten. ...

Niemandem ist bis heute die »Klonierung« mit einem Säugerei gelungen. Doch einige Wissenschaftler haben es bei Manipulationen an Säugetier-Eizellen schon zu erstaunlicher Virtuosität und atemberaubenden Resultaten gebracht.

Um die technischen Schwierigkeiten von »Klonierung« zu überwinden, schlug Andrej Tarkowski, Zoologe an der Universität Warschau und einer der renommiertesten Experimental-Embryologen, ein Verfahren vor, das der Deutsche Karl Illmensee gemeinsam mit seinem amerikanischen Kollegen Peter Hoppe in den USA erfolgreich anwandte: Ihr Labor beherbergt inzwischen sechs Mäuse, die nur noch einen Elternteil haben.

Zur Erzeugung dieser »uniparentalen« Mäuse begannen die beiden Forscher mit befruchteten Eizellen, die bereits nach zehn Stunden aus den Eileitern der Mäuse entnommen wurden. Zu diesem Zeitpunkt hat noch keine Verschmelzung der beiden Kerne von Ei- und Samenzelle stattgefunden, die beiden Kerne liegen noch getrennt voneinander in verschiedenen Teilen der Eizelle. Mit einer raffinierten mikrochirurgischen Manipulation wird nun einer dieser beiden Kerne entfernt. Dazu wird unter einem Operationsmikroskop mit einer hauchfeinen Glaskapillare in das Ei gestochen und ein Kern herausgesaugt. Nun enthält das Ei nur noch die Chromosomen von Vater *oder* Mutter, die durch einen chemischen Trick verdoppelt werden müssen, damit sich die Zelle zu teilen beginnt.

Nach drei Tagen im Brutschrank werden diese Embryos dann in eine Ammenmutter eingepflanzt.

Von 93 implantierten Embryos wuchsen immerhin sieben zu lebensfähigen Mäusen heran. Eine der »uniparentalen« Mäuse ist inzwischen verstorben, die anderen sechs erfreuen sich jedoch bester Gesundheit und haben zum Beweis ihrer Vitalität bereits 82 Nachkommen auf – freilich normalem – Wege gezeugt.

Freilich haben Forscher wie Andrej Tarkowski oder Karl Illmensee, der jetzt einen Lehrstuhl an der Universität Genf innehat, keinerlei Absichten, ihre Experimente auch auf den Menschen auszudehnen. Sie interessieren sich vielmehr für Fragen des Immunsystems, der Genetik oder auch für Probleme der Zelldifferenzierung und damit der Krebsentstehung. Trotzdem kennen sie die Gefahr, daß ihre Techniken eines Tages auch am Menschen eingesetzt werden können.

Und da Menschen zu jedem Unfug bereit zu sein scheinen, steht in der Tat Groteskes in Aussicht.

Albrecht Fölsing, Babys im Glas, in: DIE ZEIT, Nr. 8, v. 16.2.79, S. 34 f.

23 Karl Marx: Der Mensch, der sich selbst erzeugt

Im Jahre 1843 zieht Karl Marx (1818–1883) mit seiner jungen Frau Jenny nach Paris. Hier wird er auf das Elend der Industriearbeiter aufmerksam. Angeregt durch den Fabrikantensohn Friedrich Engels, widmet sich Marx nun ökonomischen Fragen; er studiert die klassischen nationalökonomischen Schriften seiner Zeit. Seine Einsichten finden ihren Niederschlag in den »Ökonomisch-Philosophischen Manuskripten« (1844), die jedoch erst 1932 veröffentlicht wurden. In diesen Manuskripten unternahm Marx als erster den Versuch, die neuen Verhältnisse der aufkommenden kapitalistischen Industriegesellschaft anthropologisch zu deuten. Dabei gelangt er zu einer neuen, revolutionären Sicht des Menschen seiner Zeit: Der Mensch ist von sich selbst entfremdet. Diese Selbstentfremdung wurzelt jedoch nicht im Menschen selbst, sie wird vielmehr durch bestimmte gesellschaftliche Verhältnisse hervorgerufen. Diese sind durch drei Bedingungen gekennzeichnet: 1. durch die Tatsache, daß der Mensch und seine Arbeitskraft zur Ware werden, 2. durch die Arbeitsteilung und 3. durch das Privateigentum an Produktionsmitteln.

Die Entfremdung des Menschen von sich selbst in der Arbeit.

Das Produkt der Arbeit ist die Arbeit, die sich in einem Gegenstand fixiert, sachlich gemacht hat, es ist die Vergegenständlichung der Arbeit. Die Verwirklichung der Arbeit ist ihre Vergegenständlichung. Diese Verwirklichung der Arbeit erscheint in dem nationalökonomischen Zustand als Entwirklichung des Arbeiters, die Vergegenständlichung als Verlust und Knechtschaft des Gegenstandes, die Aneignung als Entfremdung als Entäußerung ...
Worin besteht nun die Entäußerung der Arbeit?
Erstens, daß sie dem Arbeiter äußerlich ist, d.h. nicht zu seinem Wesen gehört, daß er sich in seiner Arbeit nicht bejaht, sondern verneint, nicht wohl, sondern unglücklich fühlt, keine freie physische und geistige Energie entwickelt, sondern seine Physis abkasteit und seinen Geist ruiniert. Der Arbeiter fühlt sich daher erst außer der Arbeit bei sich und in der Arbeit außer sich. Zu Hause ist er, wenn er nicht arbeitet, und wenn er arbeitet, ist er nicht zu Haus. Seine Arbeit ist daher nicht freiwillig, sondern gezwungen, Zwangsarbeit. Sie ist daher nicht die Befriedigung eines Bedürfnisses, sondern sie ist ein Mittel, um Bedürfnisse außer ihr zu befriedigen ...

Zu dieser Entfremdung in dem Akt der Produktion gehört noch eine weitere Form der Entfremdung: Die Entfremdung von dem Produkt der Arbeit.

Der Arbeiter legt sein Leben in den Gegenstand; aber nun gehört es nicht mehr ihm, sondern dem Gegenstand. Je größer also die Tätigkeit, um so gegenstandsloser ist der Arbeiter. Was das Produkt seiner Arbeit ist, ist er nicht. Je größer also dies Produkt, je weniger ist er selbst. Die Entäußerung des Arbeiters in seinem Produkt hat die Bedeutung, nicht nur, daß seine Arbeit zu einem Gegenstand, zu einer äußeren Existenz wird, sondern daß sie außer ihm, unabhängig, fremd von ihm existiert und eine selbständige Macht ihm gegenüber wird, daß das Leben, was er dem Gegenstand verliehn hat, ihm feindlich und fremd gegenübertritt...

Rückschauend stellt Marx fest:

Wir haben den Akt der Entfremdung der praktischen menschlichen Tätigkeit, die Arbeit, nach zwei Seiten hin betrachtet.
1. Das Verhältnis des Arbeiters zum Produkt der Arbeit als fremden und über ihn mächtigen Gegenstand. Dies Verhältnis ist zugleich das Verhältnis zur sinnlichen Außenwelt, zu den Naturgegenständen als einer fremden, ihm feindlich gegenüberstehenden Welt.
2. Das Verhältnis der Arbeit zum Akt der Produktion innerhalb der Arbeit. Dies Verhältnis ist das Verhältnis des Arbeiters zu seiner eigenen Tätigkeit als einer fremden, ihm nicht angehörigen..., als eine wider ihn selbst gewendete, von ihm unabhängige, ihm nicht gehörige Tätigkeit. Die Selbstentfremdung, wie oben die Entfremdung der Sache...

Ergänzungen des Herausgebers sind kursiv gesetzt

Marx als Prometheus (Zeitgenössische allegorische Darstellung des Verbots der »Rheinischen Zeitung«, 1843) AdsD / Friedrich-Ebert-Stiftung

Aus dieser Bestimmung der Entfremdung ergeben sich zwei weitere Aspekte der Entfremdung.

Das praktische Erzeugen einer gegenständlichen Welt, die Bearbeitung der unorganischen Natur ist die Bewährung des Menschen als eines bewußten Gattungswesens, d. h. eines Wesens, das sich zu der Gattung als seinem eigenen Wesen oder zu sich als Gattungswesen verhält. Zwar produziert auch das Tier. Es baut sich ein Nest, Wohnungen, wie die Biene, Biber, Ameise etc. Allein es produziert nur, was es unmittelbar für sich oder sein Junges bedarf; es produziert einseitig, während der Mensch universell produziert…

In der Bearbeitung der gegenständlichen Welt bewährt sich der Mensch daher erst wirklich als ein Gattungswesen. Diese Produktion ist sein werktätiges Gattungsleben. Durch sie erscheint die Natur als sein Werk und seine Wirklichkeit. Der Gegenstand der Arbeit ist daher die Vergegenständlichung des Gattungslebens des Menschen: indem er sich nicht nur wie im Bewußtsein intellektuell, sondern werktätig, wirklich verdoppelt und sich selbst daher in einer von ihm geschaffnen Welt anschaut. Indem daher die entfremdete Arbeit dem Menschen den Gegenstand seiner Produktion entreißt, entreißt sie ihm sein Gattungsleben…

Das Bewußtsein, welches der Mensch von seiner Gattung hat, verwandelt sich durch die Entfremdung also dahin, daß das Gattungsleben ihm zum Mittel wird.

Die entfremdete Arbeit macht also:

3. das Gattungswesen des Menschen, sowohl die Natur als sein geistiges Gattungsvermögen, zu einem ihm fremden Wesen, zum Mittel seiner individuellen Existenz. Sie entfremdet dem Menschen seinen eignen Leib, wie die Natur außer ihm, wie sein geistiges Wesen, sein menschliches Wesen.

4. Eine unmittelbare Konsequenz davon, daß der Mensch dem Produkt seiner Arbeit, seiner Lebenstätigkeit, seinem Gattungswesen entfremdet ist, ist die Entfremdung des Menschen von dem Menschen. Wenn der Mensch sich selbst gegenübersteht, so steht ihm der andre Mensch gegenüber. Was von dem Verhältnis des Menschen zu seiner Arbeit, zum Produkt seiner Arbeit und zu sich selbst, das gilt von dem Verhältnis des Menschen zum andren Menschen, wie zu der Arbeit und dem Gegenstand der Arbeit des andren Menschen.

Die Frage nach einem Wesen über der Natur und dem Menschen

Ein *Wesen* gilt sich erst als selbständiges, sobald es auf eignen Füßen steht, und es steht erst auf eignen Füßen, sobald es sein *Dasein* sich selbst verdankt. Ein Mensch, der von der Gnade eines andern lebt, betrachtet sich als ein abhängiges Wesen. Ich lebe aber vollständig von der Gnade eines andern, wenn ich ihm nicht nur die Unterhaltung meines Lebens verdanke, sondern wenn er noch außerdem mein *Leben geschaffen* hat, wenn er der *Quell* meines Lebens ist, und mein Leben hat notwendig einen solchen Grund außer sich, wenn es nicht meine eigne Schöpfung ist. Die *Schöpfung* ist daher eine sehr schwer aus dem Volksbewußtsein zu verdrängende Vorstellung. Das *Durchsichselbstsein* der Natur und des Menschen ist ihm *unbegreiflich*, weil es allen *Handgreiflichkeiten* des praktischen Lebens widerspricht. …

Indem aber für den sozialistischen Menschen die *ganze sogenannte Weltgeschichte* nichts anders ist als die Erzeugung des Menschen durch die menschliche Arbeit, als das Werden der Natur für den Menschen, so hat er also den anschaulichen, unwiderstehlichen Beweis von seiner *Geburt* durch sich selbst, von seinem *Entstehungsprozeß*. Indem die *Wesenhaftigkeit* des Menschen und der Natur, indem der Mensch für den Menschen als Dasein der Natur und die Natur für den Menschen als Dasein des Menschen praktisch, sinnlich anschaubar geworden ist, ist die Frage nach einem *fremden* Wesen, nach einem Wesen über der Natur und dem Menschen – eine Frage, welche das Geständnis von der Unwesentlichkeit der Natur und des Menschen einschließt – praktisch unmöglich geworden.

Karl Marx: Ökonomisch-philosophische Manuskripte (1844); MEW Ergbd. 1, 1974, 544–546

Ernest Mandel:

Aus Liebe zu den Menschen

Die kapitalistische Produktionsweise bedingt wachsende Entfremdung der Arbeit und Selbstentfremdung aller Menschen. Wird die Arbeit nur als Mittel zum Geldverdienen betrachtet, so verliert sie weitgehend ihre schöpferische und persönlichkeitsbildende Dimension. Physische Anspannung, Monotonie, oder der durch Leistungszwang und Angst vor dem Versagen hervorgerufene Streß lassen sie zur Last und Plage werden. Der Mensch ist nicht mehr Zweck, sondern nur noch Mittel des ökonomischen Getriebes – sozusagen zum Unterteil der Maschine degradiert. Somit gibt es auch eine ethische Komponente des Marxismus, die objektiv-materialistisch begründet ist. Indem konsequente Marxisten sagen, daß sie alles vom Standpunkt des proletarischen Klassenkampfes aus betrachten, schließen sie damit ein, daß dieser Standpunkt auf dem Theorem beruht, daß nur das, was das proletarische Klassenbewußtsein hebe und u. a. dem Lohnabhängigen ein tieferes Verständnis für die grundlegenden Unterschiede zwischen bürgerlicher und klassenloser Gesellschaft vermittle, auf die Dauer den proletarischen Klassenkampf fördere. Dies wiederum beinhaltet die Einsicht in die Notwendigkeit des praktischen Kampfes gegen jede Form von Ausbeutung und Unterdrückung, sowohl jener der Frau als auch jener besonderer Rassen, Nationalitäten, Völker, Altersgruppen usw. als notwendige Komponente des weltweiten Kampfes für eine sozialistische Gesellschaftsordnung. Der Marxismus entsteht mit der Lehre »daß der Mensch das höchste Wesen für den Menschen sei, also mit dem kategorischen Imperativ, alle Verhältnisse umzuwerfen, in denen der Mensch ein erniedrigtes, ein geknechtetes, ein verlassenes, ein verächtliches Wesen ist«.

Diese Einsicht entspricht ohne Zweifel einem individual-psychologischen Bedürfnis zum Protest und zur Auflehnung gegen jegliche Form von Unrecht, Ungerechtigkeit und Ungleichheit. Aber sie entspricht auch einer objektiv-historischen Notwendigkeit.

Letzten Endes bin ich Marxist, weil allein der Marxismus es erlaubt, trotz aller fürchterlichen Erfahrungen des 20. Jahrhunderts, trotz Auschwitz und Hiroshima, trotz Hunger in der »Dritten Welt« und drohender nuklearen Zerstörung den Glauben an die Menschheit und ihre Zukunft ohne Selbsttäuschung zu bewahren. Der Marxismus lehrt uns das Leben und die Menschen lieben und bejahen, ohne Schönfärberei, ohne Illusion, in vollem Bewußtsein der unendlichen Schwierigkeiten und unvermeidbaren Rückschläge beim Millionen Jahre währenden Fortschreiten unserer Gattung vom Zustand des Halbaffen bis zu jenem des Weltallerforschers und Himmelsstürmers. Die bewußte Kontrolle über ihr gesellschaftliches Sein zu erobern, ist heute für diese Gattung eine Frage von Leben oder Tod geworden. Es wird ihr schließlich gelingen, dieses edelste aller Anliegen zu verwirklichen: den Aufbau eines humanen, klassenlosen, gewaltlosen Weltsozialismus.

Ernest Mandel, Aus Liebe zu den Menschen, in: J. von Raddatz, Warum ich Marxist bin, Kindler Verlag, München 1978
Ernest Mandel, geb. 1923 in Frankfurt am Main, ist Professor an der Freien Universität in Brüssel. In seinen Werken beschäftigt er sich mit marxistischer Wirtschaftstheorie und der Analyse spätkapitalistischer Gesellschaften unter dem Gesichtspunkt des Gegensatzes von Kapital und Arbeit.

Der Glaube an Gott
den Schöpfer und Erhalter der Welt
beginnt mit dem Hinweis
auf das eigene, unmittelbare Erleben
einer »schlechthinnigen Abhängigkeit«,
mit der Aufdeckung
der auf dem Grunde allen Lebens
ruhenden Erfahrung,
daß der Mensch
nicht »Macher«,
sondern »Empfänger« seines Lebens ist,
daß er sich samt seiner Welt
nicht sich selbst gesetzt hat,
sondern sich einem anderen verdankt.

Heinz Zahrnt, Gott kann nicht sterben,
R. Piper u. Co., München, 1970, 135

24 Friedrich Nietzsche: Ich lehre euch den Übermenschen

Der Übermensch

Friedrich Nietzsche (1844–1900) zieht unter dem Eindruck Schopenhauers und vor allem Darwins die radikale Konsequenz aus den Erkenntnissen neuzeitlichen Denkens: Die Welt hat keinen Grund, sie hat keinen Halt und sie hat kein Ziel. Es gibt keine festgefügte Ordnung, keine verbindlichen Werte und keine sinnstiftenden Autoritäten. Der Gott, der als das »Eine«, »Wahre« und »Gute« allem Sein Grund, Halt und Ziel gab, ist tot, ist unglaubwürdig geworden. Kosmos, Natur und Menschheitsgeschichte können ohne ihn erklärt werden. Der von der Illusion eines fremden Wesens befreite Mensch sieht die Welt, wie sie wirklich ist: sie bildet keine Einheit, sie ist widersprüchlich und wirr. Die Welt hat keinen Zweck und kein Ziel, sie kennt keinen Fortschritt. Verantwortung und Moral werden hinfällig. Alles ist Ergebnis eines wahnsinnigen, blinden Zufalls und Teil eines komplexen und ruhelosen Prozesses, der ohne Anfang und Ende kalten Notwendigkeiten folgt und dem Menschen gegenüber gleichgültig ist. Die Welt wird beherrscht durch einen grund- und ziellosen »Willen zur Macht«, der immer weiter drängt, Erreichtes überwindet und nach immer mehr Stärke, mehr Leben und mehr Herrschaft drängt. Dieser Wille spaltet sich in viele einzelne Willen, die zueinander in Widerspruch treten und den »Kampf ums Dasein« austragen. Alles Leben ist Kampf, ein ständiges Zerstören und Erschaffen, Vergehen und Entstehen, in dem der Starke überlebt und der Schwache notwendig zugrundegeht.

Der Mensch findet sich in diesem blinden Drängen ganz allein vor; er ist ganz sich selbst überlassen. Auch er hat Anteil an diesem unbändigen Willen zur Macht. Was er tut, fühlt, denkt und glaubt, ist nichts anderes als Produkt dieses Willens.

Für Nietzsche war die Sinnlosigkeit und Widersprüchlichkeit der Welt jedoch nicht bloß Ergebnis radikalen Nachdenkens. Seine Erkenntnisse spiegeln auch sein persönliches Schicksal, das geprägt ist von belastenden Krankheiten, immer neuen Enttäuschungen, seiner Suche nach Geborgenheit sowie dem Versagen beruflicher Anerkennung. In und mit dieser Lebenswirklichkeit zu leben, ohne sich aufzugeben, war das Thema seines Lebens und seiner Philosophie. Es findet seine Lösung in der »Lehre vom Übermenschen«. Diese legt Nietzsche Zarathustra, einem persischen Religionsstifter, in den Mund, bei dem er zum ersten Mal den Dualismus von Gut und Böse fand und der deshalb auch dessen Überwindung predigen soll. Das Werk »Also sprach Zarathustra« entstand zwischen 1882 und 1884. Den ersten Teil schrieb Nietzsche in 10 Tagen in Rapallo, seinem Fluchtort nach dem tragischen Scheitern seiner Liebe zu der jungen Russin Lou Andreas-Salomé.

Als Zarathustra in die nächste Stadt kam, die an den Wäldern liegt, fand er daselbst viel Volk versammelt auf dem Markte: denn es war verheißen worden, daß man einen Seiltänzer sehen sollte. Und Zarathustra sprach also zum Volke:
Ich lehre euch den Übermenschen. Der Mensch ist etwas, das überwunden werden soll. Was habt ihr getan, ihn zu überwinden?
Alle Wesen bisher schufen etwas über sich hinaus: und ihr wollt die Ebbe dieser großen Flut sein und lieber noch zum Tiere zurückgehn als den Menschen überwinden?
Was ist der Affe für den Menschen? Ein Gelächter oder eine schmerzliche Scham. Und ebendas soll der Mensch für den Übermenschen sein: ein Gelächter oder eine schmerzliche Scham.
Ihr habt den Weg vom Wurme zum Menschen gemacht, und vieles ist in euch noch Wurm. Einst wart ihr Affen, und auch jetzt noch ist der Mensch mehr Affe als irgendein Affe.
Wer aber der Weiseste von euch ist, der ist auch nur ein Zwiespalt und Zwitter von Pflanze und von Gespenst. Aber heiße ich euch zu Gespenstern oder Pflanzen werden?
Seht, ich lehre euch den Übermenschen!
Der Übermensch ist der Sinn der Erde. Euer Wille sage: der Übermensch *sei* der Sinn der Erde!
Ich beschwöre euch, meine Brüder, *bleibt der Erde treu* und glaubt denen nicht, welche euch von überirdischen Hoffnungen reden! Giftmischer sind es, ob sie es wissen oder nicht.
Verächter des Lebens sind es, Absterbende und selber Vergiftete, deren die Erde müde ist: so mögen sie dahinfahren!
Einst war der Frevel an Gott der größte Frevel, aber Gott starb, und damit starben auch diese Frevelhaften. An der Erde zu freveln ist jetzt das Furchtbarste, und die Eingeweide des Unerforschlichen höher zu achten als den Sinn der Erde!
Einst blickte die Seele verächtlich auf den Leib: und damal

war diese Verachtung das Höchste: – sie wollte ihn mager, gräßlich, verhungert. So dachte sie ihm und der Erde zu entschlüpfen.

Oh, diese Seele war selber noch mager, gräßlich und verhungert: und Grausamkeit war die Wollust dieser Seele!

Aber auch ihr noch, meine Brüder, sprecht mir: was kündet euer Leib von eurer Seele? Ist eure Seele nicht Armut und Schmutz und ein erbärmliches Behagen?

Wahrlich, ein schmutziger Strom ist der Mensch. Man muß schon ein Meer sein, um einen schmutzigen Strom aufnehmen zu können, ohne unrein zu werden.

Seht, ich lehre euch den Übermenschen: der ist dies Meer, in ihm kann eure große Verachtung untergehn.

Was ist das Größte, das ihr erleben könnt? Das ist die Stunde der großen Verachtung. Die Stunde, in der euch auch euer Glück zum Ekel wird und ebenso eure Vernunft und eure Tugend.

Die Stunde, wo ihr sagt: »Was liegt an meinem Glücke! Es ist Armut und Schmutz und ein erbärmliches Behagen. Aber mein Glück sollte das Dasein selber rechtfertigen!«

Die Stunde, wo ihr sagt: »Was liegt an meiner Vernunft! Begehrt sie nach Wissen wie der Löwe nach seiner Nahrung? Sie ist Armut und Schmutz und ein erbärmliches Behagen!«

Die Stunde, wo ihr sagt: »Was liegt an meiner Tugend! Noch hat sie mich nicht rasen gemacht. Wie müde bin ich meines Guten und meines Bösen! Alles das ist Armut und Schmutz und ein erbärmliches Behagen!«

Die Stunde, wo ihr sagt: »Was liegt an meiner Gerechtigkeit! Ich sehe nicht, daß ich Glut und Kohle wäre. Aber der Gerechte ist Glut und Kohle!«

Die Stunde, wo ihr sagt: »Was liegt an meinem Mitleiden! Ist nicht Mitleid das Kreuz, an das der genagelt wird, der die Menschen liebt? Aber mein Mitleiden ist keine Kreuzigung.«

Spracht ihr schon so? Schriet ihr schon so? Ach, daß ich euch schon so schreien gehört hätte!

Nicht eure Sünde – eure Genügsamkeit schreit gen Himmel, euer Geiz selbst in eurer Sünde schreit gen Himmel!

Wo ist doch der Blitz, der euch mit seiner Zunge lecke? Wo ist der Wahnsinn, mit dem ihr geimpft werden müßtet?

Seht, ich lehre euch den Übermenschen: der ist dieser Blitz, der ist dieser Wahnsinn! –

Als Zarathustra so gesprochen hatte, schrie einer aus dem Volke: »Wir hörten nun genug von dem Seiltänzer; nun laßt uns ihn auch sehen!« Und alles Volk lachte über Zarathustra. Der Seiltänzer aber, welcher glaubte, daß das Wort ihm gälte, machte sich an sein Werk.

Friedrich Nietzsche, Also sprach Zarathustra,
Philipp Reclam Jun., Stuttgart, 1978, 6–8

Erfülltes Leben ist ein Leben,
das nicht um sich selbst kreist,
das in offenen Beziehungen
zu den anderen gelebt wird,
das sich von anderem Leben
in Anspruch nehmen läßt,
das Liebe gibt –
das Zentralwort des Neuen Testaments –
das geliebt wird,
weil es Liebe gibt.

Helmut Gollwitzer,
Ich frage nach dem Sinn des Lebens,
Chr. Kaiser Verlag, München, 1974, 12.

25 Arnold Gehlen:
Der Mensch – das Mängelwesen

**Der Mensch –
ein kulturschaffendes Wesen**

Der Mensch ist also organisch ›Mängelwesen‹ (Herder), er wäre in jeder natürlichen Umwelt lebensunfähig, und so muß er sich eine *zweite Natur,* eine künstlich bearbeitete und passend gemachte Ersatzwelt, die seiner versagenden organischen Ausstattung entgegenkommt, erst schaffen, und er tut dies überall, wo wir ihn sehen. Er lebt sozusagen in einer künstlich entgifteten, handlich gemachten und von ihm ins Lebensdienliche veränderten Natur, die eben die Kultursphäre ist. Man kann auch sagen, daß er biologisch zur Naturbeherrschung gezwungen ist.

Die Entlastungsfunktion der Institutionen

...Unter diesen Gesichtspunkten erscheinen die Institutionen einmal als die Formen der Bewältigung lebenswichtiger Aufgaben oder Umstände so wie die Fortpflanzung oder die Verteidigung oder die Ernährung ein geregeltes und dauerndes Zusammenwirken erfordern; sie erscheinen von der anderen Seite als die *stabilisierenden* Gewalten: Sie sind die Formen, die ein seiner Natur nach riskiertes und unstabiles, affektüberlastetes Wesen findet, um sich gegenseitig und um sich selbst zu ertragen, etwas, worauf man in sich und den anderen zählen und sich verlassen kann. Auf der einen Seite werden in diesen Institutionen die Zwecke des Lebens gemeinsam angefaßt und betrieben, auf der anderen Seite orientieren sich die Menschen in ihnen zu endgültigen Bestimmtheiten des Tuns und Lassens, mit dem außerordentlichen Gewinn einer Stabilisierung auch des Innenlebens, so daß sie nicht bei jeder Gelegenheit sich affektiv auseinanderzusetzen oder Grundsatzentscheidungen sich abzuzwingen haben.
...
Die Formen, in denen die Menschen miteinander leben oder arbeiten, in denen sich die Herrschaft ausgestaltet oder der Kontakt mit dem Übersinnlichen – sie alle gerinnen zu Gestalten eigenen Gewichts, den *Institutionen,* die schließlich den Individuen gegenüber etwas wie eine Selbstmacht gewinnen, so daß man das Verhalten des einzelnen in der Regel ziemlich sicher voraussagen kann, wenn man seine Stellung in dem System der Gesellschaft kennt, wenn man weiß, von welchen Institutionen er eingefaßt ist. Die Forderungen des Berufes und der Familie, des Staates oder irgendwelcher Verbände, denen man angehört, regeln uns nicht nur in unserem Verhalten ein, sie greifen bis in unsere Wertgefühle und Willensentschlüsse durch, und diese verlaufen dann ohne Bremsung und Zweifel wie von selbst, d. h. selbstverständlich, ohne daß eine andere Möglichkeit vorstellbar wäre, also schließlich mit der Überzeugungskraft des Natürlichen. Vom Inneren der Einzelperson her gesehen bedeutet das die ›bienfaisante certitude‹, die wohltätige Fraglosigkeit oder Sicherheit, eine lebenswichtige Entlastung, weil auf diesem Unterbau innerer und äußerer Gewohnheiten die geistigen Energien sozusagen nach oben abgegeben werden können; sie werden für eigentlich *persönliche,* einmalige und neu zu erfindende Dispositionen frei. Man kann anthropologisch den Begriff der *Persönlichkeit* nur im engsten Zusammenhang mit dem der Institutionen denken, die letzteren geben der Personqualität in einem anspruchsvolleren Sinne überhaupt erst die Entwicklungschance. Unter Persönlichkeit verstehe ich dabei aber nicht die protestlerische Selbstbetonung derjenigen, die durch den in der Tat ganz außerordentlichen Disziplinierungsdruck industrieller Massengesellschaften überanstrengt werden. Ich will sagen: wenn auch die Institutionen uns in gewisser Weise schematisieren, wenn sie mit unserem Verhalten auch unser Denken und Fühlen durchprägen und typisch machen, so zieht man doch gerade daraus die Energiereserven, um innerhalb seiner Umstände die Einmaligkeit darzustellen, d. h. ergiebig, erfinderisch, fruchtbar zu wirken. Wer nicht innerhalb seiner Umstände, sondern unter allen Umständen Persönlichkeit sein will, kann nur scheitern.

Arnold Gehlen, Ein Bild vom Menschen, in: ders., Anthropologische Forschung, Rowohlt Taschenbuch GmbH, Reinbek bei Hamburg, 1961, 48, 71

---

*Wahrlich, ich sage euch:
Wenn ihr nicht umkehrt
und werdet wie die Kinder,
werdet ihr nicht
in das Himmelreich kommen.*

Matthäus 18,3

26 Der Mensch, der betet

Vater unser im Himmel,
geheiligt werde Dein Name,
Dein Reich komme
Dein Wille geschehe,
wie im Himmel so auf Erden.
Unser tägliches Brot gib uns heute.
Und vergib uns unsere Schuld,
wie auch wir vergeben unseren Schuldigern
Und führe uns nicht in Versuchung,
sondern erlöse uns von dem Bösen
Denn Dein ist das Reich
und die Kraft
und die Herrlichkeit
in Ewigkeit.

AMEN.

Ernst Barlach, Der Gläubige aus »Fries der Lauschenden«, Ernst Barlach-Haus, Hamburg